―明日の算数教育を拓く―

# 子どもの「問い」を軸とした算数学習

編著
岡本光司
両角達男

教育出版

# まえがき

　「問い」を持ち，「問い」を発するという行為は，終わりのない始まりであり，ごくささいなことでありながらずっしりとした重みのあることなのだと私は考えています。
　「どうして鳥はお空を飛べるの？」という小さな子どもの素朴な「問い」のかなたには，飛行機の発明があり，宇宙を飛ぶという人間の飽くなき野望をかきたてるものがあります。
　「人間とは何か？」，「法とは？　戦争とは？　血縁とは？……」という古代ギリシャ悲劇が発した数々の「問い」は，二千数百年を経て，未だ現代演劇の中に息づき，私たちにとっての根源的な「問い」として生き続けています。
　算数学習はどうでしょう。そこは子どもの「問い」の宝庫です。算数という大海原の波間に，無数の子どもの「問い」が漂っているのではないでしょうか。
　本書は，そうした「問い」を軸に据えて，算数学習のあり方を考え，授業実践を行い，「算数学習とは何か？」，「算数学習はどうあるべきなのか？」という「問い」を追究したものです。
　第1章では，その理論的な背景を探り，第2章では，一歩進めて，その意義と価値を掘り下げて語ります。
　そして，第3章では学校研究としての授業実践を，第4章では様々な授業実践の実際を述べていきます。それらは一様ではありません。そこにある共通項は，算数学習の中に子どもの「問い」を組み入れていくということです。それをどう位置付け，どう生かすかは，授業者に委ねられています。
　このことは，本書のような共同研究にあっては極めて重要なことだと考えています。それは，共同研究というものを，同じ「こころざし」を持ちつつ，それを自らの内なるものとして育み，それぞれに創意・工夫を重ね，枝葉を茂らせ，やがてはその人ならではの固有の世界を創り上げていく「営み」でもあると考えるからです。
　ところで，昨今の算数学習の主流は，教師が提示した問題の解決に子どもが取り組むという「問題解決学習」にあるので，本書で提起したような理論や授業実践に対しては抵抗感を持たれる方がおられるかもしれません。
　しかし，私は，これらの試みが方向を誤っているとは考えていません。過日

告示された新学習指導要領を目にした時，そう確信しました。これは中学校数学科のものですが，新たに設けられた〔数学的活動〕の指導に当たっての配慮事項が，次のように記述されていたからです。
① 数学的活動を楽しめるようにするとともに，数学を学習することの意義や数学の必要性などを実感する機会を設けること。
② 自ら課題を見い出し，解決するための構想を立て，実践し，その結果を評価・改善する機会を設けること。
③ 数学的活動の過程を振り返り，レポートにまとめ発表することなどを通して，その成果を共有する機会を設けること。

この配慮事項には，私たちがその実現をめざしている授業のあり方と同質的なものがいくつもあります。勿論，「自ら課題を見い出す」ことを学習活動の始点に置いていることがその一つです。また，私が学習の本性を語る際，その中の重要な要素と位置付け，繰り返し使ってきた「成果を共有」という言葉がみられることもその一つです。

小学校算数に対しては，ここまでの要請はありませんが，上掲の配慮事項は，やがて中学生になる子どもたちの学習がめざすべき指針として位置付けることができるものです。こうした算数・数学教育の方向性を思う時，私たちの提言と試みは，「明日の算数教育を拓く」ための一里塚としての役割を果たし得るのではないかと考えています。


本書は，算数学習についての螺旋的・継続的な追究過程半ばの語りに過ぎず，たくさんの問題点を抱えております。多くの方々の「追試行」やご批判，改善へのご意見をいただければと願っております。

また，平成5年に静岡大学教育学部附属静岡中学校において始めたこの研究が今日を迎えることができたのは，多くの方々のお力添えがあったればこそです。基礎となる理論を提示してくださった佐伯胖先生，貴重な示唆をお与えくださった中原忠男先生をはじめ，多くの先生方に感謝申し上げます。

併せて，本書の出版に当たってお世話くださった教育出版の方々，直接本作りに携わってくださった秦浩人氏にこの場を借りてお礼申し上げます。

(岡本光司)

# 目　次

まえがき

## 第1章　子どもの「問い」を軸とした算数学習の創造に向けて

第1節　算数学習の再考……………………………………………………… 3
第2節　背景としての状況的学習論………………………………………… 9
　　1．状況的学習論における学習観　9
　　2．算数学習のパラダイム　13
第3節　算数授業の構築……………………………………………………… 15
　　1．算数の授業・学習における「軸足の移動」　15
　　2．算数授業のフレームワーク　18
第4節　算数学習における「学力」………………………………………… 23
　　1．学力に関する論点，課題　23
　　2．「学力」の構成とその構造　37
第5節　算数学習における数学構成力・創造力…………………………… 45
　　1．数学構成力・創造力の育成のための授業構成　46
　　2．創造性理論からの考察　49
　　3．授業の構造と授業展開の基本的パターン　57

## 第2章　算数学習における子どもの「問い」

第1節　「問い」の持つ数学的な価値と可能性 …………………………… 69
　　　　　－数学の眼から子どもの「問い」に迫る－
第2節　「問う」という行為と算数・数学を育み，実感する算数的活動 78
　　　　　－「問う」という行為そのものが大切な算数的活動である－
第3節　「問い」に価値を置き，「問う」姿勢を高める教師と
　　　　　教師集団のよさ……………………………………………………… 85
　　　　　－私たち自身の教育実践や校内研修を内省する姿勢を高める－

# 第3章　浜松市立村櫛小学校の算数学習

第1節　学び合い，問い続ける学習活動……………………………… 99
　1．「見通す」学習活動　99
　2．「追求する」学習活動　101
　3．「まとめる」学習活動　107
第2節　授業の実際（1）－見通す－……………………………… 108
　　5年：平行と垂直，四角形
　1．算数的活動から「問い」を生み出す　108
　2．「問い」を共有し，学びの見通しを持つ　113
第3節　授業の実際（2）－追求し，まとめる－………………… 116
　　3年：たし算とひき算
　1．「問い」から学習課題を設定する　117
　2．追求し，解決する　119
　3．振り返り，まとめる　124
第4節　授業の実際（3）－追求し，まとめる－………………… 125
　　4年：わり算の筆算Ⅰ
　1．はじめに　125
　2．「問い」を持ち，学習課題を設定する　125
　3．追求し，解決する　126
　4．振り返り，まとめる　131

# 第4章　子どもの「問い」を軸とした算数学習の試み

第1節　「問い」を生み出す力を高める算数学習 …………………… 138
　1．「問い」を生み出す力と課題設定　138
　2．子どもの「問い」を課題設定につなげる手立て　139
　3．実践事例－5年：小数のわり算，2年：たし算とひき算　143
　4．成果とさらなる発展　147
第2節　教科書を読むことから「問い」を見い出す算数学習………… 150
　1．授業の構想　150
　2．授業の流れ　151

3．授業の実際－5年：円　155
　　4．教科書から「問い」をつくる成果とさらなる発展　158
　第3節　「問い」を生かし，「問い」で深める算数学習……………160
　　1．授業の構想　160
　　2．授業の実際－5年：三角形と四角形の角，6年：立体　161
　　3．成果とさらなる発展　169
　第4節　子どもの「問い」から数学を創り上げる算数学習…………170
　　1．授業の構想　170
　　2．授業の実際－5年：小数のわり算　171
　　3．成果とさらなる発展　182
　第5節　低学年における「問い」を軸とした算数学習………………184
　　1．授業の構想　184
　　2．学習の流れ　185
　　3．授業の実際－1年：ひきざん　186
　　4．成果とさらなる発展　189
　第6節　子どもの「問い」が息づく算数学習アラカルト……………190
　　1．算数の世界へのめり込む第一歩　190
　　2．素朴な疑問と「問い」から教材の本質に迫る授業　192
　　3．「問い」を軸に単元を通した学習をめざして　194
　　4．子どもたちから「問い」が生まれる授業展開　196
　　5．「問い」を生み出す作業的・体験的な活動　198


あとがき

# 第1章

# 子どもの「問い」を軸とした算数学習の創造に向けて

## はじめに

　「学び」の始点は「問う」ことにある，と私は考えています。「問う」ことは「学び」に確かな目的を与え，「学び」の対象への切り口を焦点化し，「学び」への積極的な動機を生み出してくれます。O. F. ボルノーが，その著『問うことへの教育』[1]の冒頭で「人間とは問う存在である」と述べているように，こうした「問う」という行為は人間としてのごく自然な行為です。実際，私たちの内を覗いてみると，そこには，「なぜだろう？」，「何だろう？」，「どうなっていくのだろう？」，「どうすればよいのだろう？」，「どんなことに役立つのだろう？」などなど，様々な「問い」がうごめいているはずです。そうした「問い」を発信したいという欲求があるはずです。それは子どもたちとて同じです。否，子どもたちのそれは，私たちとは比較にならないほど強いといってよいでしょう。

　私たちは，この先天的とも言える「問う」という行為を，算数の授業・学習においてどう位置付け，どう扱ってきたでしょうか。どう位置付け，どう扱っていけばよいのでしょうか。

　本章では，こうした課題と真正面から対峙しつつ，子どもの「問い」を積極的に生かすという立場に立って，算数の授業・学習のあり方を考えてみたいと思います。

　そのためには，いくつもの視点からの考察が必要です。算数の授業・学習に関して，一度原点に戻って見直してみなければなりませんし，その基礎となる理論の構築が求められます。具体的な処方箋も示さなければなりません。

　そこで，本章では，次のような課題を取り上げ考察していくことにします。

- 現在，一般に行われている算数の授業・学習に再考すべきことはないだろうか。
- 真に子どもの「問い」を生かすためには，どのような学習理論をその基礎に据えることがふさわしいのだろうか。
- 子どもの「問い」を算数の授業・学習に組み込むことによって，どのような学力を培っていこうとするのか。そもそも算数の学力とはどのようなものと考えるべきなのだろうか。
- 子どもの「問い」を生かす算数の授業・学習は，どのようにしてその具体

化を図っていけばよいのだろうか。
　これらは、その一つひとつが大きく難しい課題です。しかし、子どもの「問い」を生かすということは、授業・学習への単なる「問い」の挿入ではないし、それで事足りるといったものではありませんから、どうしても避けて通れない課題です。
　さらに言えば、子どもの「問い」というものを単独に考えるわけにはいきません。どのような算数教育の理念と算数の授業観・学習観のもとで子どもの「問い」を生かそうとするのか、そうした理念や観を明らかにしていくことも必要です。

## 第1節　算数学習の再考

　ここではまず、現在、一般的な算数の授業形態となっている「問題解決」的授業について考えてみましょう。
　「問題解決」的授業は、教師が子どもに一方的に「教え込む」授業とは明らかに異なります。そこでは、普通、子どもたちに能動的な学習態度を求め、子どもが自らの力で考え、それをもとに互いに意見を交わし、問題解決をしていくといった授業展開が図られています。こうした授業形態が有効に機能するためには、いろいろな要件を満たす必要がありますが、その中でも特に重要なことは、子どもたちに取り組ませる問題の質です。問題の質が低ければ「問題解決」的授業の意義は失われてしまいます。
　そこで、教師の関心は、もっぱら「よい問題」に向けられます。実際、教師は、次のような要件を念頭に置いて「よい問題」づくりや「よい問題」の選択に腐心しています。
・学習意欲を喚起するための状況設定を工夫する（楽しく取り組める問題）。
・適度な障壁を設ける（すぐには解決できず、既習事項の活用を促す問題）。
・多様な考え方や解法を内在させる（その子なりの考え方や解決の仕方を保障する問題）。
・本質的な追究へと発展していくための切り口になるようにする（教材の本質に向けて学習の深まりが期待できる問題）。
　また、授業前のこうした「問題づくり」、「問題の選択」を核にして練られた

授業構想のもとに，通常，次のような授業展開がなされています。
・教師による「問題」提示
・それぞれの子どもによる問題解決
・グループないしは全体における考え方や解法の発表とディスカッション
・解答の確認とまとめ，そして定着のための練習

　「よい問題」づくりと選択を含むこうした「問題解決」的な授業展開は，優れた算数授業のあり方であることは間違いありません。これまで，私たちは，こうした授業展開の質と効果を高めるための努力をしてきましたし，その実績を積み重ねてきました。その成果の上に，多くの授業実践がなされていますし，授業展開のモデルを提供している算数・数学の教科書の構成もまた「問題解決」的です。

　ところで，こうした「問題解決」的な授業展開は，至上のもの，最良のものと言い切ってよいのでしょうか。問うべきことはないのでしょうか。

　今ここで，ちょっと立ち止まって考えてみましょう。視点を変えて再考してみましょう。そこには，いくつかの問題点，しかも，算数の授業・学習にかかわる本質的な問題点が潜んでいるように思えてくるのです。

　それは，「問題解決」的授業が，教師の意に反して，次のような子どもや教師，そして授業のあり方を生み出しているのではないかということです。直接的ないしは間接的にその要因をつくってきているのではないかということです。
＊教師から問われることに慣れ，教師から問われることを当然のことと思い，
　自らは問おうとしない子ども（自発的な目的意識，課題意識が希薄な子ども）
＊自らが敷いた問題解決のためのレールの上を子どもが走ることをよしとし，
　そうしたレールから外れる子どもを歓迎しない教師（自らの土俵の中に留まろうとする教師）
＊柔軟で自由度の高い展開を装いながら，一方で，子どもが様々な知的情報にアクセスすることを拒み，知的活動の方法と場を制約しようとする傾向を持った授業（子どもに対する知的管理）

　こうした子ども，教師，授業に関する問題点は，単に，これまで当然のこととして，また望ましいあり方として実践し，研究してきた「問題解決」的授業の質をより一層高め，実践的な研究を積み重ねていけば自ずと解決していけることがらでしょうか。

そこに潜むと思われるいくつかの問題点を算数授業の実態に即してさらに考えてみましょう。

① 「問い」の消失

「問題解決」的授業は，「教師：問題を出す人」，「子ども：問題を解く人」という二分法を基本に据えて構成されています。そこでの優れた教師の証は，教育的な「よい問題」を提示でき，その解決に向かって巧みに子どもを誘導していけることです。一方，優れた子どもの証は，「よい問題」に隠された「正解」，すなわち教師が教育的に設定したレールの「終点」をいち早く見抜き，そこに到達できることです。

こうした構図の中では，子どもからの「問い」が息づくことは稀です。「何か質問はありませんか」という教師からの働きかけがあったとしても，質問できる子どもは学習内容を十分理解した「できのよい子」に限られ，「できのわるい子」は黙して語りません。本当はわからないこと，納得いかないこと，ひっかかっていることがあったとしても，その場の状況からそれを言い出すことができないのです。そうした子どもが数多くいるのが実態です。それは，「問う」ということが人間にとって先天的とも言える行為であるにもかかわらず，最も「問いたい」と思っている子どもが「問おうとしない，問えない」でいるということです。

真に子どもの「問い」を生かすということは，「問題解決」的授業に内在すると考えられるこうした問題点を解決し，多くの子どもたちの内にある「問い」を活性化させ，消失状態にある「問い」を教室に蘇生させていくことです。そのためには，何をどうすればよいのでしょうか。

② 「文脈，状況」の軽視

「問題解決」的授業では，普通，「今日は，この問題を考えよう」と言って教師が「問題」を提示することから始まります。教師によっては，「これは何を考えることだろう」と問い，学習の「めあて」を書かせることもあります。それはそれで授業の導入としての役割を果たすものではありますが，基本的には，それらは教師によってもたらされた「問題」であり「めあて」です。その背景にある「何のために，その『問題』をやるのか」，「なぜ，その『問題』をやらねばならないのか」，「その『問題』をやることに，どんな価値があるのか」といったことは明示されません。それらは教師が知っていればよいことであり，

子どもたちにはとにかく黙って「問題」をやることが求められるのです。

　通常の社会的な営みの中で人が「何か」を行う時，考える時，そこには，普通，なぜその「何か」が生じてきたのか，その「何か」は自分にとってどんな意味を持ち，関わりを持つのか，その「何か」は自分に何をもたらすのか，といった「何か」をとらえようとするその人なりの文脈があり，その文脈を生み出す状況があるはずです。そうした文脈と状況の中で，人は積極的な意思を持って「何か」に向かっての働きかけを行っていくのです。

　それに対して，「今日は，この問題を考えよう」といった問題の提起は，教師にとっては「教育的」な文脈の中での行為ですが，子どもにとっては必ずしも自分の文脈とは関わりのない唐突なことであることが多いのです。それでも，子どもは自らの文脈を外に置き，わだかまりがあったとしてもそれはそれとして，教師による擬似的な文脈が設定された状況の中に自らを埋め込んでいきます。学校とはそうした場であり，教室で学ぶ限りそれは当然のことであり，「勉強とは，そうしたものなのだ」と考え，それを素直に受け入れていくのです。

　子どもと教師の間に生じているこうした「学び」の文脈と状況の乖離を「教育的」という名のもとに黙視してしまってよいのでしょうか。その溝を埋めていく方策を考え，講じていく必要があるのではないでしょうか。そのためには，何をどうすればよいのでしょうか。

### ③「個」の存在感の希薄さ

　人は社会的な存在です。一人の人が「個」として自分を意識できるのは，自分を取り巻く「他」がいるからであり，自分が参加している社会・集団があるからです。社会・集団の中にあっては，すべての人がそれぞれにかけがえのない「個」なのです。さらに，存在としての静的な「個」を動的な「個」に変容し，「個」を顕在化するためには，「個」による社会・集団への働きかけとそれに対する社会・集団による承認が必要です。そうしたことが具現化された時，人は「個」としての自らの存在感を実感することができるのです。それは，社会・集団の中にあって「何者かになる」ことであり，「何者かとして認められる」ことでもあります。

　教師が「問題」を提示し，子どもは教師が敷いたレールの上を走るといった授業は，その始点においても，その過程においても，教師の意に反して，子どもの「個」の存在感を希薄にしてしまう危険をはらんでいます。

「問題解決」的授業の始点で「個」の存在感を文字通り実感しているのは,「問題」を提示する教師その人です。「問題」を受け入れ,取り組んでいくよう求められる子どもに「個」の実感は薄いでしょう。また,「問題解決」から終点に至る過程では,子どもにも「個」を実感する機会が与えられますが,多くの場合,教師が敷いたレールや「終点」への近さによって形成されるヒエラルヒー（階層的に整序されたピラミッド型の秩序）における位置によってその実感の程度に差が生じてきます。学級の中にあって「何者かになる」子どもは,多くの場合,そのヒエラルヒーの上部にいる少数の者に限られ,他の子どもたちはそうした存在になることなく,学校での授業というものはそうしたものであると自らに言い聞かせ,「個」の実感ということに対する諦観を持つに至ります。
　学級という社会・集団での学習の場にあって,多くの子どもたちがそれぞれに「個」を実感し,「何者」かになっていってくれることは教師の願いです。その願いの実現を阻むものは何なのかを明らかにし,それへの方策を施していく必要があるのではないでしょうか。そのためには,何をどうすればよいのでしょうか。

### ④授業の虚構性
　出来上がっている教育プログラムのレールに沿って授業を展開する教師が陥りがちなことの一つは,教師が「教えること,教えたこと」と子どもが「わかること,わかったこと」とを同一視してしまうことです。その乖離を実は承知しているはずなのに,「教えたのだから,わかっているはずなのに」とか「あのことはちゃんと教えたはずなんだが」といった愚痴をこぼします。積み重ね形式で作られている日本の学習指導要領に基づく算数の授業では,そうした錯覚が,現実への誤った認識と対応を生み出してしまうことがあります。
　実際,「問題解決」的授業では,子どもの内なる「カオス」を閉じさせたまま,「教えたことは,わかっているはず」ということを前提に,今日の「問題」が作られ,選ばれ,提示されていきます。それは,致し方ないこととは言え,こうした授業が背負わざるを得ない宿命的な虚構性の一つでしょう。
　また,実際の授業では,教師は様々な形で「教育的」な視点に立って情報操作を行い,子どもに対して知的管理を行っているのではないでしょうか。
　例えば,問題解決のスタートラインに立つ子どもたちに対して,時には明示的に,時には暗黙のサインを送り,次のようなことを要請することがあります。

・教科書には考え方も答えも書かれているけれど、教科書は見ないで自分の力で考えよう。
・やり方や答えを知っている人も、まずは、知らないことにして考えていこう。
・前もって塾で習ってしまっていることは、使わないことにしよう。

また、子どもたちに向けて行う次のような指示もその一例です。

・そういうことは、上の学年で習うことだから、今は考えないようにしよう。

さらに、こうしたことの延長線上で、「問題解決」に当たっては、図書館や家にある参考書や読み物を授業の場に持ち込むことを歓迎せず、あるいは禁止し、「知」の所有者を教師一人に限定しようとします。

子どもたちは、そうした教師の言動が理不尽なことであり、そこには何とも言えない虚構性があることを承知しています。承知した上で、これが「勉強すること」なのだと自らを納得させ、「問題」を解こうとします。それが高じて、疑うこともなく、「望ましい勉強の仕方」というものの何たるかを理解し、習得していくのです。

教師は、こうした虚構性に背を向け続けていてよいのでしょうか。何かしらそれを打開するための糸口を見い出していく必要があるのではないでしょうか。そのためには、何をどうすればよいのでしょうか。

「問題解決」的授業の負の側面を強調し過ぎた感がありますが、上述したことは、「学ぶ」ということの本質に立ち戻って授業を考える場合に、真摯に対峙しなければならない「問い」として私たちに突きつけられていることではないでしょうか。「問題解決」的な授業観、それを学校というところの当然の営みであると考える学校観に対して再考を促す視点を提起しているのではないでしょうか。では、教室いっぱいに子どもの「問い」があふれ、子どもの文脈が生かされる状況のもとで、虚構性から解放された算数の授業を実現していくためには、何をどうしていけばよいのでしょうか。

## 第2節 背景としての状況的学習論

前節では，次のような問題提起をしてきました。
・多くの子どもたちの内にある「問い」を活性化させ，子どもたちの自然な「問い」を教室に蘇生させていくには，何をどうすればよいのだろうか。
・子ども自身の「学び」の文脈を大切にする学習状況をつくっていくには，何をどうすればよいのだろうか。
・子どもたちがそれぞれに「個」を実感し，集団の中で「何者かになっていく」ような学習を実現させるには，何をどうすればよいのだろうか。
・授業の中に潜む虚構性を解消するための糸口を見い出していくには，何をどうすればよいのだろうか。

これらの問題に取り組んでいくための方途はいろいろ考えられますが，その一つは，こうした問題そのものを研究の対象として，その価値や位置付けを明確にしつつ解決への方向性を示唆してくれる学習理論を考察してみることです。

私は，それにふさわしいと考えられる一つの学習理論を選択しました。

それは，ヴィゴツキー（L.S.Vygotsky）らによって提起された社会文化主義の流れをくむ学習理論であるレイブ（J.Lave），ウェンガー（E.Wenger）らによる「状況に埋め込まれた学習（Situated Learning）（以下，略して状況的学習）－正統的周辺参加（Legitimate Peripheral Participation）（以下，略してLPP）－」論です。

### ❶ 状況的学習論における学習観[2]

レイブらは，五つの徒弟制度の観察・分析を通して，そこでの学習の本質を「正統的周辺参加」という概念でとらえ，徒弟制度における新参者（学習者）の学習の本質を論じています。徒弟制度をモデルに，「学び」の原型を人が一人前の職人に成長していく過程として考察しています。

この「正統的周辺参加」という言葉は耳慣れない言葉ですが，私は次のような「参加」の姿をイメージしています。

例えば，陶器の窯元に弟子入りした若者がやっていることです。彼の仕事と言えば，師の指示に従い，師を真似て「土採り」をしたり，土の「粉砕」をしたり，「焼成」の時に薪の投入をしたりといったようなことです。それだけを取り出せば，実に単調で退屈な仕事です。でも，彼は，それに懸命になって取

り組みます（Participation）。それは，自分が何のためにそうしたことをやっているのかを知っているからです。自分のやっていることがごく些細な（Peripheral）ことであっても，素晴らしい陶器を焼き上げるという「本物の（Legitimate）仕事」に欠くことのできないことをしているのだという自覚があり，自負があり，それが一人前の陶芸家になっていくために当然行っていかねばならないことなのだと得心しているからです。

　レイブらは，徒弟制度の考察から得られた知見を基に学校教育について何が言えるかを探究したりはしないと言っています。しかし，私は，こうした若者が「埋め込まれている」窯元という場，若者の修業の姿，窯元の親方・作家の在り様には，現在の「実験室的」な学校教育が失ってしまっている何か大切なものがあるように思えてならないのです。

　そこで，以下，状況的学習論－LPP－の中から前節で提起した問題にかかわる部分を取り上げ，そこからどのような知見が得られるか，得るべきかを考察していくことにします。これからの算数学習のパラダイムを構築していく上で，その基礎となるであろう事項を考えていくことにします。

## |1| 学習の本性

　LPPでは，学習を個人の頭の中ではなく，社会文化的実践への「参加」という枠組みにおいて生じるアイデンティティの形成過程であるとし，一人の人間の行為ではなく，共同参加者間に分かち持たれるものとしてとらえようとしています。(注：次頁の(ア)に対応)

　そして，個々の学習者が習得していくことは，知識の断片を獲得し，それを別の文脈に移して当てはめるといった能力ではなく，正統的周辺参加というゆるやかな条件のもとで実際に仕事の過程に従事することによって業務を遂行する技能であり，それによって熟練者たちの業務に参加していく役割が果たせる能力であると考えています。(注：次頁の(イ)に対応)

　また，LPPには「強烈な目標がある。なぜなら，学習者は，周辺的な参加者として，全体の構図がどういうことについてなのか，またそこではどのようなことを学ぶべきかについて自分の考えを発展させていくことができるからである。」[(2)] (p.74)，(注：次頁の(ウ)に対応) LPPでは「親方－徒弟関係を脱中心的にみるということから，熟練というものが親方の中にあるわけではなく，親方がその一部になっている実践共同体の組織の中にあるということの理解が

導かれる」(注：下記の(エ)に対応)と考えています。[(2)] (p.75)

　こうした学習観に立つと，次のような考え方が見えてきます。
（ア）学習は，個人的な行為ではなく，学級という集団における授業に「参加」し，その成果を「共有」していくことであり，そこで仲間と関わりながら自らのアイデンティティを形成していく過程である。
（イ）学習によって習得していくことは，個々の知識や技能ではなく，学級としての価値あるシゴト（問題解決や数学の構成・創造）にその子なりに「参加」し，仲間と協働して，そのシゴトの遂行に寄与していける力である。
（ウ）学習は，シゴトの全体像をとらえた上で，何をどう学んでいくかについて明確な目的を持って行われるものである。
（エ）教師は，子ども（新参者）と乖離した側にあって「教える」存在ではなく，自らも学びつつ，子どもの学習に「参加」し，熟達者としてシゴトの遂行に関与していく存在である。

## 2 教育カリキュラムと学習カリキュラム

　LPPでは，「学習場面での教授学的構造が，目標となる実践に関して正統的周辺参加の原理からかけ離れたものになっていても，そこで生じている学習の中核はやはり正統的周辺参加なのである。このことから，学習のカリキュラムと教育のカリキュラムとを区別せざるを得なくなる」[(2)] (p.79) と考えています。

　通常の授業では，一定の価値基準によって選択され，構造化され，順序付けられた教材を教師が「外側」から準備します。それが教育カリキュラムです。子どもは，そのカリキュラムに沿って順次提示される教材を学んでいくことを求められ，その習得の程度を評価されます。しかし，たとえそうした手順で授業が展開されたとしても，子どもの学習の中核は，その中に組み込まれきれない様相を示すものであるというのです。子どもの学習は「新しい実践の即興的展開のための状況に埋め込まれた機会からなっており」，「実践への関わりに対する機会の中で展開する」のです。[(2)] (p.74) LPPにおける学習は，こうした学習カリキュラムによる学習なのです。

　こうしたカリキュラム観に立つと，次のような考え方が見えてきます。
（オ）学習目的・内容の大枠は教師が作成した指導計画や指導構想によって設定されるとしても，実際の学習は，教師の想定と一致するとは限らず，その子なりの教材との関わりのもとで，その子なりの文脈に沿って組み立て

られ，展開されていくものである。

### |3|学習課題

LPPでは，「正統的な周辺性は『建設的にナイーブ』な見通しとか疑問が発達していくために重要である。この観点から言えば，未経験というのは開拓されるべき資産である。」ただし，「それは，その限界を理解しその役割を評価してくれる経験ある実践者によって支えられているという，参加の文脈でのみ役立つものである。」[2] (p.104) と考えています。

学級として明確なシゴトの遂行に向かって「参加」していく中で，子どもは子どもなりの見通しや疑問を持つものであり，そうした力を発揮し，高めていくのだというのです。ただし，それを可能にするには教師の支えがなければならないとも言っています。

こうした考え方に立つと，次のような考え方や要請が見えてきます。

（カ）学習課題は，教師にしか作成できないものではなく，子どもの「問い」からも生み出されるものであり，子どもにはそれをなし得る力がある。

（キ）教師には，子どもが発する「問い」を評価し，それを支える「経験ある実践者」としての役割が求められる。

### |4|学習におけるアクセス

LPPへの鍵として，レイブらは新参者のアクセスの問題を提起しています。「実践共同体の十全的成員になるには広範囲の進行中の活動，古参者たち，さらに共同体の他の成員にアクセスできなければならない。さらに，情報，資源，参加の機会へのアクセスも必要である。」[2] (p.83)

このことを佐伯は次のように解釈しています。「LPPでは，学習を『進め，コントロールする』のはそうしたアクセスである」，「教材や教師の役割がそこにあるとすれば，学習者にいかにホンモノの，円熟した実践の本場を当初からかいま見させ，そこへ『行ける』実感を持たせ，たとえごくごく周辺的であっても，そこにつながっているということがなんとなくわかるような，実践の手立てを講じてあげることである。」[2] (p.190)

ここからは，次のような考え方や要請が見えてきます。

（ク）学習においては，子どもたちが人，モノ，コトなど様々な情報，資源にアクセスすることの自由度を高め，その成果を活用させていく必要がある。

（ケ）教師には，子どもの学習に役立つホンモノを提供したり，学習がホンモ

ノにつながっていることを子どもに感じさせることができるような手立てを講じていく役割が求められる。

### 5 アイデンティティの形成

LPPでは，学習をアイデンティティの形成過程であるとしています。それは共同体としてのシゴトの達成に向けて，他の成員に認められる形で自分の役割を明らかにし，自分らしさを発揮しつつ「何か」をなし得る存在になっていくということです。さらに，その「何か」によって共同体の変容にかかわっていける存在になっていく状態，言い換えれば，共同体の中で「何者かになっていく」ことと考えています。

それは，学習者を単に「知識・技能の獲得者」とみなさず「全人格（whole person）」とみなすことであり，共同体の中での「個」のあり方に目を向けていくということなのです。

ここからは，次のような考え方や要請が見えてきます。

（コ）授業で大切にしたいことは，一人ひとりの子どもが「何か」をなし得る存在になっていくことであり，同時に，そうしたことを通して学級全体の学習の質を変容させていくことである。

## 2 算数学習のパラダイム

レイブらによる状況的学習論－LPP－を考察してきました。そこから，上述のような知見（ア）～（コ）を得ることができました。

これらは，前述の「算数学習の再考」を通して見えてきた課題への対応を考える上での有効な示唆を与えてくれるものであり，次のような考えを重視していくことに対して，その論拠を与えてくれるものでした。

・学習に子どもの「問い」を蘇生させ，生かす。
・学習における子どもの思考の文脈を大切にし，それを支える学習の状況を重視する。
・子ども一人ひとりに「個」としての存在感を実感させる。
・教師が敷いたレールに固執しない柔軟な授業展開，教師による知的管理を前提としない授業展開を実現する。

そこで，私は，それらの知見を基にしつつ，そこに「学びの始点」と位置付けた子どもの「問い」を重層的に組み入れることによって，次のような「算数学習のパラダイム」を設定することにしました。

[図1] は，このパラダイムを構造化し，図示したものです。[3]

[算数学習のパラダイム]

＊**学習**（関連する前述の知見：ア，イ，ウ，オ）
・学習は，共通の目的を持った学習集団における社会文化的実践への「参加」とその成果の「共有」であり，同時に，自らの文脈を大切にしつつ仲間と協働して目的を達成していく中でのアイデンティティの形成である。

＊**学習の方法**（関連する前述の知見：オ，カ）
・学習は，全体的構図の把握の上に，目的達成に向けての螺旋的・連続的な「問い」の協働的追究によってなされる。

＊**学習の環境**（関連する前述の知見：ク）
・学習は，他者・文献・道具等の様々な「資源」へのアクセスの自由と透明性が保障された状況のもとでなされる。

＊**教師**（関連する前述の知見：エ，キ，ケ）
・教師は初心者としての子どもの「社会文化的実践への参加」に自らも「参加」し，授業の目的達成に向けて子どもたちを支え，導いていく熟達者である。

＊**教材**（関連する前述の知見：カ，キ）
・教材は，「問い」の協働的追究の場にあって，教師及び子どもによって発せられ，つくり出され，持ち込まれる一切のモノ及びコトである。

＊**授業**（関連する前述の知見：ア，イ，ウ，オ，コ）
・授業は，明確な目的を持ち，その達成と成果の共有を期する社会文化的実践としての学習を可能にし，子ども一人ひとりが学習集団の中で「何者かになっていく」ことの実現と学習集団全体の変容を図っていく営みである。

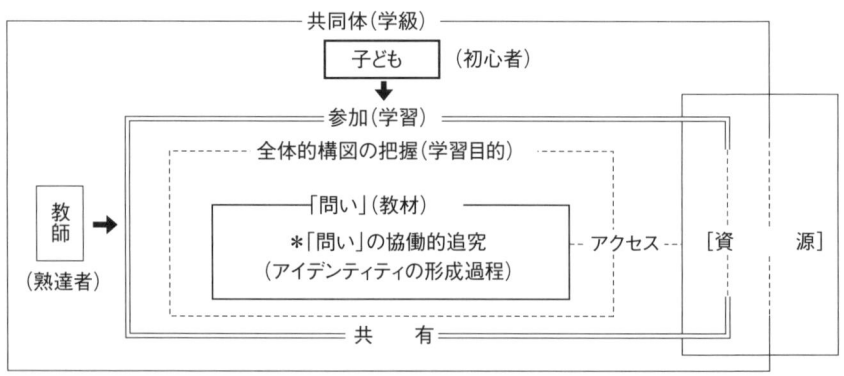

[図1]

## 第3節　算数授業の構築

### ❶ 算数の授業・学習における「軸足の移動」

　状況的学習論を考察し，そこから得られた知見を基底に据えて，子どもの「問い」を軸とした［算数学習のパラダイム］を設定しましたが，それはあくまで基礎的な理論的枠組みを示したに過ぎません。実際の授業・学習を構想し，構成していくためには，そのための具体的な指針や方略を考えていく必要があります。

　当然のことですが，算数の授業・学習というものは実に多面的な営みであり，一つの視点，観点から語り得るものではありません。また，質的転換を図っていくと言っても，これまで算数教育が積み上げてきたものを無にして全く別物を創ることはできませんし，継承と創造の両面が不可欠です。本書の趣旨に沿って言えば，それは，「問題解決」的授業のよさを継承しつつ，それを包摂する形でそこに潜む問題点への取り組みを模索していくといった作業が必要です。換言すれば，授業，学習の実際面で「問題解決」的授業を否定するのではなく，それを踏まえて「軸足の移動」を行うことです。

　以下に，そのための具体的な指針を4点記してみます。

#### │1│「問われる」子どもから「問う」子どもへ

　［算数学習のパラダイム］では，「学習の方法」，「教材」の中核に子どもの「問い」を据えました。それは算数の授業・学習の質的転換を図っていくために算数の授業・学習に子どもの「問い」を組み込んでいこうとしたものです。視点を替えて言うと，教師が「教師：問題をつくる人，出す人」，「子ども：出された問題を解く人」という二分法の呪文から自らを解放し，「問う」存在としての子どもを文字通り生かしていって欲しいとの願いであり，要請であります。

　こうした要請に対しては，まず，次のような批判が出るでしょう。

・質問の機会を与えても質問できない，あるいは，しようとしない子どもに自分の「問い」など出せるだろうか。
・子どもの学力では，学級全体で取り組むに値するような「よい問題」など出せるはずがない。それができるのは教師である。

　果たしてそうでしょうか。それをできなくしているのは，子どもに「問い」を出す適切な機会を与えてこなかった教師自身なのではないでしょうか。

こうした批判に応えるために教師がなすべきことは，次のようなことです。

> 授業の中で，適宜，すべての子どもに記述形式で自らの「問い」を表出させる機会を設ける。

また，次のような危惧の念も出されるでしょう。
・子ども一人ひとりからいろいろな「問い」が出されては，授業計画が立てられないし，授業が混乱してしまうのではないか。
・子どもに勝手に問われては，上級学年・学校での学習内容が出てきたり，教師にも答えられない内容が出てきてしまうのではないか。

これらはやっかいな問題ではありますが，こうした危惧の念が出されるところに教育カリキュラムの限界があるのです。それはまた，学習とは教師が敷いたレールの上をひた走ることであるという学習観の披瀝に他なりません。

こうした危惧の念を払拭するために教師が努めるべきことは，次のようなことです。

> 教師も加わる形で，子どもたちに学級で取り上げる「問い」を選択させたり，「問い」を基にして学習計画を立てさせるなど，子どもの「問い」をうまく授業に組み込んでいく方策を模索し，工夫する。

## ２ 「教える」教師から「子どもの『学び』に参加する」教師へ

先んじて数学文化に接し，それを摂取してきた教師は，言うまでもなく子どもと比べてはるかに優れた「知」の所有者です。しかし，自らが所有する「知」を子どもたちに分け与えるというスタンスに立って授業に臨むとしたら，そこには，二つの点で問題があります。

一つは，LPP論の考察の中で述べましたように，学習は，それがたとえ「問題解決」的授業であったとしても，教師が敷いたレールの上を歩むことではないし，教師が「教える」ことによってのみ成立する，「教えない」と成立しない，といったものでもないからです。

また，一つは，現在，「知」は様々なところに，様々な形で存在しており，子どもがその気になればそれを自分の意志で享受できるので，子どもは教師を唯一の「知」の所有者とは考えないし，考える必要もないからです。

算数の授業に子どもの「問い」を取り入れていくとするならば，そうした教師のスタンスは変更を余儀なくされるはずです。そればかりか学習指導要領の

解説書や教科書の指導書を読むという通り一遍の教材研究では対処できないことが起こるかもしれませんし，教師の既有知識の範囲ではとらえられない内容が出てくるかもしれません。教師自身が，自らの価値観を持って教材と対峙し，教材に疑問を投げかけ，改めて教材への惚れ直しをしていく必要が出てきます。

そうした教師に求められることは，次のようなことです。

> 教師が，自らの土俵の中だけで子どもに学習させるといった考え方を捨て，「知」の優れた所有者として，教材と真正面から対峙し，自らを壊し，自らを超え，自らも学びつつ，子どもの「学び」に参加していくという姿勢を大切にし，実践していく。

## ｜3｜「管理」の授業から「保障」の授業へ

授業は時間的にも空間的にも様々な管理のもとで行われています。学習内容に関しても学習指導要領によってその範囲や指導学年等が規定されています。それはいたしかたないことではありますが，問題は前述したような子どもの学習にかかわる知的管理です。それが時として行き過ぎてしまうと，授業が虚構性を帯びてしまう危険があります。

子どもに「問う」ことを求めるということは，思考の自由を認めるということでもあります。「問い」を追究していく学習活動では，「〜はしないことにしよう」といった種類の制約の指示は最小限に抑えることが望ましいことです。また，有効な「資源」へのアクセスを許し，その上で学習を進めていけるような学習形態を工夫することも大切です。

子どもの「問い」を組み入れた授業でも管理は必要ですが，その管理を保障という言葉に置き換え，すべてを保障することはできないまでも，可能な限り精一杯保障していこうといった考えで授業に臨んでいくようにしたいのです。

それは，教師に次のようなことを求めていくということです。

> 可能な限り子どもの思考，発想，方略選択の自由を保障し，子どもが様々な知的資源にアクセスすることを認め，薦める授業をめざしていく。

## ｜4｜「正しい解決」の授業から「価値ある解決と創造」の授業へ

算数の学習において「正しさ」ということは勿論重要です。しかし，それは論理的に無矛盾であるとか，最も適切で合理的であるといった意味での「正し

さ」と考えるべきです。ところが，前述したように，「正しさ」とは教師が問題の中に意図的に潜ませた「正解」を意味し，その「正解」を素早く，正確に探し当てることを求めるような授業が行われることがあります。そうした場合の解決は，何をなし得たのか，何を創り上げたのかといった視点はかなり希薄です。そこでの「私」は何者であったのか，学級として何を創り上げ共有することになったのかと問う視点を欠いてしまうことがあります。

　子どもの「問い」を生かした算数の授業に求めたいことは，それぞれの子どもの文脈が大切にされつつ，共通の目的に向かって数学を創り上げていこうとする状況の中に埋め込まれた学習を子どもが行っていけることです。その上で，創り上げた数学の価値を賞味しつつ，それを学級としての文化財として共有していこうとすることです。そして，一つの学習の区切りが，同時に新たなる「問い」を生み出し，次なる学習に入るといった螺旋的・連続的道程にまで学習の過程を高めていくことなのです。

　そのために求められることは，次のような「こころざし」です。

> 　「宝探し」に似た「正しい解決」に留まることなく，「宝作り」とも言える「価値ある解決と創造」へ向かおうとし，学級としての作品作りとその共有をめざし，その中で子ども一人ひとりが「私」を感じ，「他」を互いに感じ合うことのできる，そうした授業を実現したい。

## 2 算数授業のフレームワーク

　子どもの「問い」を軸とした算数の授業の構成や展開には，様々な形態や方法が考えられます。それらは，学年，学習内容，学級人数などによって変わってくるであろうし，変わってもよいものです。

　ここでは，上述した「軸足の移動」を行うことによって実現させたい算数の授業・学習の構成と展開の基本的な構想を述べていきます。

　そのための基になっているのは，平成5年から静岡大学教育学部附属静岡中学校を中心に静岡市内のいくつかの公立中学校で実践された生徒の「問い」を軸とした『生徒が「数学する」数学の授業』です。その授業実践の一部は著書として刊行しています。[4]

　子どもの「問い」を軸とした算数授業・学習は，次の［表1］に示すようなフレームワークのもとで構成，展開されることを基本としています。[3]

［算数授業のフレームワーク］

| 授業段階 | (1)基本的内容の概観 | (2)課題の自己設定 | (3)課題追究と創造 | (4)新たな課題設定 |
|---|---|---|---|---|
| 学習活動 | 学習内容を概観 | 自分の「問い」を持つ | 「問い」の追究 | 新たな「問い」を持つ |

［表1］

　なお，子どもの「学習活動」の実際は，四つの「授業段階」ごとの区切りで行われていくとは限らず，前の段階において次の段階での学習活動が同時的に進行していくこともあり得ます。

　また，授業を実際に行うには，通常，事前に授業計画を作成しますが，その前に教師がなすべきことがあります。それは，教師が「題材と向かい合い」，教師自身が一人の「学習者」として，その題材のどこにおもしろさを感じるか，そのおもしろさの源は何かといった視点から題材に切り込み，自分の知識の範囲の中に留まろうとせず，自らが様々な「問い」を発しつつ，題材の本質を追究していく作業です。そこから，自分なりの「私の題材観」を形成していく作業です。

　以下，そうした作業がなされたことを前提として，各授業段階での授業・学習の基本的な内容を記してみます。

| 1 | 基本となる内容を概観する段階

　この段階は，子どもが自らの「問い」を持ち，学級としての共通の目的を持った学習に参加していくための準備段階です。ここでの「問い」は個人的な興味関心に基づく私的な「問い」ではなく，学級として他と共有できることを前提とした「問い」です。具体的には，一つの共通な題材に関わる「問い」です。

　子どもが，そうした共有を前提とした「問い」を持つためには，まず，そのための何らかの契機ないしは動因となり得る情報提示や働きかけが必要となります。それはまた，漠然としたものであったとしても，子どもに，題材の基本的内容を概観させ，これから始まる学習の全体的な構図の輪郭を描くための機会を提供しようとするものです。

　そのための方法は，次に示すようにいろいろな形態が考えられます。教師自らの題材観や子どもの実態，題材の特性等に応じて最も適当と考えられる形態

をとればよいし、そのいくつかを組み合わせた形態をとってもかまいません。
- 教師が、一つの導入問題を提示し、それを考えさせることを通して、子どもにその題材における中核的な課題を意識させたり、最終的に創り上げていきたい数学を直観的に把握させたりする。
- 子どもに、その題材に関連する既習内容を想起させたり、整理させたりすることによって、そこでの問題点について考えさせる。
- 教師が、その題材の全体像について講義したり、その題材の中にある中心的な概念について簡単に解説したりする。なお、この場合、あまり深まった講義、詳細な解説ではなく、教師の判断で、子どもがいろいろな「問い」を提起できる程度の質と量を持った内容でよしとする。
- 子どもに、教科書を一通り読ませ、自分なりに理解できるところと理解できないところ、納得のいかないところを明らかにさせる。

│2│課題設定の段階

この段階は、大きく二つの過程に分けられます。一つは、「学習内容の概観」を踏まえて子どもが思いつくまま自由に自分の「問い」を表出する過程であり、一つは、それらの「問い」をもとに、学級として追究していく学習課題を設定していく過程です。

①自分の「問い」を持つ

ここでは何ものにもとらわれない発想・思考が大切であり、すべての子どもが自分の「問い」を持ち、それを表出する機会が平等に与えられなければなりません。実際的な活動としては、概観した内容に関して、次のようなことを疑問文形式で記述させます。
- わからないこと、理解できないこと
- 一応は理解できるが、今一つ納得がいかないこと、疑問が残っていること
- なぜかよくわからないが、おもしろく感じること、不思議に思うこと
- 基本的なことはわかるが、もっと深く追究してみたいと思うこと、もっと調べてみたいと思うこと

これらは、学級に追究の対象を持ち込み、学級としての学習に「参加」していくための自分なりの切り口を持つことであり、やがてそこで自分が「何者かになっていく」始点を設定することでもあります。

なお、そのためには、それらを一覧表にして配布し、子ども各自の「問い」

が学級全体で共有されるようにしておく必要があります。

　また，文面からだけでは，その「問い」が何を意味し，どのようなことを意図したものかがわかりにくいものについて相互に質疑応答を行う時間をとるようにします。そこでの議論を通して，可能な範囲で「問い」の追究を行わせてもよいし，内容によっては，この段階でその「問い」を解決していってもかまいません。

②学級としての学習課題を設定する

　自由に「問い」を持つという行為は拡散的思考であり，出される「問い」はその視点，内容とも様々です。そこで，子どもたちから出された「問い」を整理分類し，関連付けと位置付けを行い，学級としての学習課題を設定していく必要が生じます。その方法はいろいろ考えられますが，次に示す手順と扱いはその一例です。

　学年によってその程度は異なりますが，教師の適切な指導のもとに，次のような手順で，子どもたちの「問い」を集約し，学級として追究していく学習課題を設定していきます。この過程は，学習計画を作成していく過程でもあります。上級学年にあっては，それを子どもたちに委ねてもかまいません。

ⅰ）同じような「問い」を集め，「問い」のグループづくりをする。

　なお，「問い」の内容に応じて，初めに作ったグループのうちで同じような内容のグループを，さらにより大きなグループにまとめていってもかまいません。

ⅱ）グループごとに，「問い」の内容にふさわしい学習課題を設定する。

ⅲ）学習課題間の系統的な前後関係に基づいて追究の順序を決める。

　なお，「問い」の集約に当たっては，「問い」の選択を伴うことがあります。その際，以下のような点に留意する必要があります。

・題材の本質と大きくかけ離れている「問い」は削除しなければならないことも起こるが，その場合でも，集約された「問い」群となんらかの観点に立って関係付けてあげるようにする。

・素朴な「問い」の中には，先の単元や学年，他領域で扱う内容や高度な数学的知識や方法を必要とする内容が含まれることがあり得るが，そうした「問い」は教室に掲示するなどして，学級としての「今後の課題」として残しておくようにする。

## |3| 課題追究の段階

　ここでの学習活動は，子どもから出された「問い」をもとにつくられた学習課題を順次追究していく段階であり，学習活動の中核をなす段階です。
　その手順や方法は，いろいろ考えられますが，次のような展開が一般的です。
① 自力解決
　　課題の意図を確認した上で，結果を予想したり，追究の仕方を考えたりして，課題の自力解決に取り組む。
② 小集団での提案，検討
　　小集団（グループ）で，各自の考え，アイディア，方法等を提案し合い，考え合う。
　　小集団での話し合いは，個としての表現が容易で，互いに刺激し合い，他を受け入れ，生かし合うという協働作業のよさを最も機能させることができる。
③ 学級全体での解決
　　各小集団での検討結果を発表し合い，全体で検討し，課題を解決し，その成果をまとめることを通して，学級としての「作品（文化財）づくり」を行っていく。
④ 検証と賞味
　　新たに作り上げた「作品」と既習事項との関連を確認するとともに，その価値（よさ）を賞味する。
　　その後で，定着，適用のための練習問題を行う。

## |4| 新たな課題設定の段階

　この段階は，一つの課題の追究が終わった後，あるいは一つの単元の学習が終わった後，新たな「問い」を見い出していく段階です。
　「どんな課題が残されている？」とか「次にどんなことを考えたい？」といった働きかけをしてもよいのですが，実際は，こうした子どもの「問い」を軸とした学習を積み重ねてくると，子どもたちから次なる「問い」が生まれてきます。「わかる」ということは，「わからない」ことが何かを認識することであるという学習習慣の成果が見えてくるのです。それが「問い」の連鎖です。

## 第4節 算数学習における「学力」

　これまで，子どもの「問い」を軸とする算数学習を考えていくための基本的な理念と構想，さらに，そうした算数学習を実現していくための具体的な方略や手順等について述べてきましたが，ここで新たな「問い」が生じてきます。
　ところで，そうした算数学習を行うことによって，子どもたちにどのような学力を培っていこうとするのか，子どもたちはどのような学力を培っていけるのかという「問い」です。算数学習における学力観の問題です。
　状況的学習論の考察の中から見えてきた学力観に関する知見は，次のようなものでした。
　「学習によって習得していくことは，個々の知識や技能ではなく，学級としての価値あるシゴト（問題解決や数学の構成・創造）にその子なりに参加し，仲間と協働して，そのシゴトの遂行に寄与していける力である。」
　「状況的学習」を志向する算数学習にあっては，得られた知識や技能，考え方そのものではなく，まさにこうした「力」こそが「学力」と言い得るものです。これはこれで，一つの学力観であり，従前の学力観とは異なる学力のとらえ方を提起してくれています。
　しかし，こうした学力観による「学力」では，今日，教育現場で考えられている「学力アップ」，「学力評定」，「学力テスト」といった場合の「学力」との間のギャップがあまりに大き過ぎます。「参加」でき，「寄与」できればそれでよいのかということになり，とても納得してもらえそうにありません。
　そこで，本節では，教育現場における現実的・実際的な学力観との乖離を埋めるために，上述のような「力」を算数の重要な「学力」と位置付けた上で，学力をとらえる視点を広げ，改めて学力について考えてみたいと思います。
　そのため少々遠回りすることになります。ひとまず，算数の学習論から離れて学力そのものについて考えてみます。その後で，再度，子どもの「問い」を軸とした算数学習における「学力」に戻っていこうと思います。

### ❶ 学力に関する論点，課題

　ここでは，戦後の教育史の中で，学力を考える上で特に重要と思われる二つの時期に焦点を当ててみます。
　一つは，1940年代末から1950年代初めにかけて始まった「新教育」をめぐ

って学力論争が活発に行われた時期です。もう一つは,「ゆとり教育」をめぐって学力が論じられている2000年代以降のこの時期です。その様相は異なりますが,それぞれに,これからの学力を考える上での重要な問題提起があります。前者には,学力に関する基本的,本質的論点が何であるかを考えさせてくれるものがあります。後者には,今日的な学力に関する課題が何であるかを考えさせてくれるものがあります。

そこで,以下,子どもの「問い」を軸とした算数学習における「学力」を考えていくために,前者からは,学力に関する基本的,本質的論点を,後者からは対峙していかねばならない学力に関する課題を明らかにしていきます。

なお,興味深いことに,この二つの時期には,教育をとりまく情勢が大きく変化しているにもかかわらず,いずれも「学力低下」が社会的関心事として取り上げられ,それを契機に学力問題が注目を集め,浮上してきた時期であるという共通点があります。

## |1|「学力論争」に見る学力及び学力研究

「新教育」による「学力低下」という問題をめぐっての学力論争は,「新教育」推進の立場に立つ「経験主義・態度主義」とそれに批判的な「科学主義」という大きな対立軸の基で行われました。

ここではまず,その中から,前者の立場に立った広岡亮蔵と後者の立場に立った藤岡信勝の学力観を見ていくことにします。その上で,両者の考え方を踏まえ,包摂する形で行われた佐伯胖,安彦忠彦の学力研究にも目を向けていくことにします。

### ①広岡亮蔵の学力観[5]

広岡の学力研究の始点は,経験主義教育の立場に立ちつつ,そこに見られる欠陥,矛盾をいかにして克服していくかにありました。

そのためには経験主義教育における確かな学力構造の構築が欠かせないとし,アメリカのバージニア州の教育計画における学力構造をベースに[表2]に見られるような独自の「学力の層構造」を提示しています。(p.91)

そして,広岡は,こうした学力観をもとに,

| | | |
|---|---|---|
| 上層 | 行為的態度 | 問題解決学力 |
| 中層 | 概括的能力 | 基礎学力 |
| 下層 | 個別的能力 | |

[表2]

戦後の経験主義教育としての新教育のもとで「学力低下」が強く叫ばれるようになったのは，この学力構造の上層部分にある「問題解決学力」を過度に重視し，下層部分の「基礎学力」に対する関心を薄めてしまったことに原因があると指摘しています。

[注]

「個別的能力（または，要素的能力）」は，「個々的な経験場面における能力」で，相対的な区分として「個別的知識」と「個別的な技能」に分けられる。前者は「個々経験における認識内容」（例：四則計算，単位系列における使い分け），後者は「個々経験における活動行為」（例：長さや重さの測定）をさす。また，必ずしも明確な一線があるわけではないが，上位の「個別的能力」は，次の「概括的能力」と境を接する。

「概括的能力」は，関係理解及び総合技能のことである（例：より複雑な計算や測定）。この「概括的能力」も，下層に接する部分から上層に接する部分までいくつかの段階を含んでいる。

「行為的態度」は，「個々の活動や能力のなかに内在する傾向性であり，個々の能力や活動を発させるバネ」(p.93)と言えるものであり，「いわば「身がまえ」ともいうべきものであり，持続的な心的傾向ともいうべき高次な能力である。」(p.164)

広岡の学力観には，注目すべき点がいくつもあります。今日的に見ても，算数教育という視点から見ても大変意義深いものがあります。

その一つは，「行為的態度」の例として次のような態度を挙げている点です。これらは，算数教育が育成していくべき態度そのものと言ってもよいものです。

　　論理的に考えようとする態度　　　批判的に思考しようとする態度
　　関係的に把握しようとする態度　　個性的にとらえようとする態度
　　創造的に表現しようとする態度　　精密に計画しようとする態度

また一つは，広岡がこうした「態度」の形成の重要さを主張しつつも，「態度」という高次な能力の形成にばかり気を奪われている「態度主義」には批判的であり，「個別的な知識・技能」を軽視してはならないと述べている点です。さらに，「個別的な知識・技能」をしっかりと形成していけば，そこから自動的に「態度」が身に付いていくと考えることは誤りであり，大切なことは，絶えず「態度」に支えられた形で「個別的な知識・技能」を形成していくことであるとしている点です。

その後，広岡は，次のような基本的な態度をも基礎学力と考えるようになり，「学力一般」と「基礎学力」との区別を［図2］のようにとらえるようになります。

〈知的なもの〉
・物ごとを数理的に対処しようとする態度
・諸条件の総合に立って多面的に考察しようとする態度
・与えられた現実に批判的に知性的に接しようとする態度
・継承するできごとを原因と結果の関係でとらえようとする態度
・物ごとを精細に観察し考察しようとする態度

〈技能的なもの〉
・順序よく計画しようとする態度
・たんねんに作業をすすめていこうとする態度

〈感情的なもの〉
・ゆたかに感受しようとする態度

なお，この図では，三層のどれにも基礎的なものとそうでないものがあることを表していますが，広岡は，基礎的なものと判断する条件として次の三点を挙げています。

・生活的条件：生活における使用頻度が高いもの
・論理的条件：教材系列において要石のような大切な位置を持っており，これを習得しなければ以後の習得や成長が困難となるもの
・目的条件：教育目標に対して大手筋に立ったもの

上述した「行為的態度」の例もそうですが，ここに示した基礎的学力としての態度及びその判断条件もまた，今日的な学力を考える上で貴重な示唆を与えてくれるものです。

以上，広岡の学力観の一端を見てきました。ここからもわかるように，広岡は単なる経験主義者・態度主義者ではありませんでした。しかし，「態度」を学力と位置付け，その大切さを説いていたこともあり，科学主義の立場に立つ人々からの批判を受けることになります。

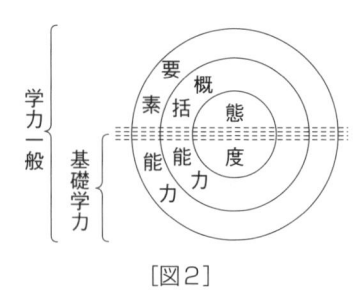

②藤岡信勝による態度主義批判 [6]

　藤岡は，戦後の新教育に対する「学力低下」への批判に対して「新教育を推進した立場の人からあらためて学力論として提出されたのが態度主義の学力観」であり，それは『『態度』や『思考力』など本来測定不能なものを持ち出してくることによって学習指導要領の非科学性をおおいかくす」(p.26) 学力観であったと述べています。
　その上で，広岡の学力論はその典型であると断じ，前掲（表2，図2）の広岡の学力観を紹介し，「態度主義」を次のように批判しています。
　「態度主義では，創造的なものや人間的なものなど，本来科学に固有なものはすべて科学そのものに内在するとは考えられず，それらは科学そのものからは排除されて，教科書風に定式化された概念や法則からなる砂をはむような科学に，そとから付け加えられるという構造になっている。」(p.30)
　「態度主義にあっては創造性や探求的態度などの形成は，教育内容を改造して科学そのものの中に本質的契機をとりもどすような抜本的再編成の道によって実現しようとするものではなく，いきなり学習主体の側にそれらが要求される。」(p.31)
　藤岡の言う「学習指導要領の非科学性」とか「教科書風」ということの意味は具体的には何を指示していたのか，上述のような文章からだけではよくわかりません。
　そこで，広岡の批判の対象をイメージしてもらうために，筆者の判断で，算数・数学の場合の事例と考えられる教科書の記述をほんの一部ですが紹介してみましょう。
　これは，新教育と言われた「生活単元学習」のための中学1年の教科書です。
　この単元の目標は「健康の面から住宅のことを研究することにより，自分の家をなるべく健康的な家に改良していこうとする態度を育成し，そのための知識・技能を習得していく」ことにあります。そして，数学科は周辺教科であり，数学そのものは「用具」として位置付けられていました。
　ここでは，算数・数学教育としての「生活単元学習」の是非，その功罪について論ずることはいたしませんが，科学という立場に立った場合，様々な問題を抱えていたことは事実です。

2．へやの整とん

山本君の家は両親と兄さんと，山本君と，妹との5人家族です。家がせまくて，家財道具をおく場所がなくてこまるので，空間を利用することにしました。

(a) 家具と整とん

山本君と兄さんとの2人の へや は4畳半です。そこに たんす を一つ，本だなを一つ，机を二つおくことにしました。これらの物の配置の仕方について研究しましょう。

問21．4畳半の へや の縦・横・高さの寸法を実際に測ってみなさい。

問22．山本君の家の畳の縦・横・高さと寸法を測ったら176cm，88cmでした。その面積を求めなさい。また，これを尺，寸で表して面積を求めなさい。

問23．たんす の寸法は高さ122cm，正面の幅73.7cm，奥行きは45.2cmでした。それを尺，寸で表しなさい。

問24．兄さんと山本君の机の寸法は，両方とも縦2尺，横3尺です。この寸法をcmで表しない。

問25．家の中のいろいろなものを整理するために，7-8図のような寸法の ふた のない木箱を買ってきて，これをつみ重ねようと思っています。山本君は5尺5寸くらいまでの高さなら手がとどきます。この箱を横においてつみ重ねるといくつ重ねられますか。

問26．問25の箱を たんす のわきに，これとなるべく高さが違わないような高さまでつみ重ねたいと思います。いくつつみ重ねたらよいでしょうか。

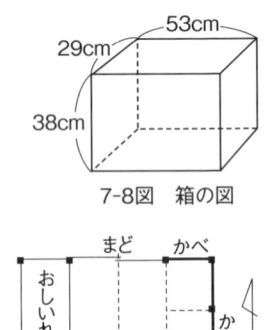

7-8図　箱の図

7-9図　山本君のへや

『日常の数学1-下』　単元7「私たちの住居」1．住居の現状　pp.280～281
大日本図書　昭和27.6.30発行

藤岡は，こうした態度主義批判を展開した上で，勝田守一の「成果が計測可能なように組織された教育内容を，学習して到達した能力」[7] (p.374) という学力規定を踏まえて，自らの学力概念を次のように規定しています。(p.36)

「成果が計測可能でだれにでもわかち伝えることができるように組織された教育内容を，学習して到達した能力」

藤岡は，上記のような教育内容でないものは，「子どもが習得しているかどうかを問う以前に学力とみなされる資格を失う」として，態度主義の学力観を否定しています。また，学力の問題は「教育内容と指導過程の文脈」で考えるべきであり，もはや「学力とは何かと抽象的に問うこと」はやめようと言い，態度主義による学力規定の方法や学力議論に苦言を呈しています。

　以上，広岡の学力論及び藤岡の態度主義批判を基に「学力論争」の一端を見てきましたが，こうした概観からだけでも，今日，学力を考え，学力を論じようとする時，避けて通れない以下のような基本的な論点を読み取ることができます。

[論点1]「態度」や「思考力」といったものを学力として位置付けるべきか，あるいは，学力を「成果が計測可能な内容についての学習到達能力」といったものに限定すべきか。
[論点2] 学力の構成要素を列挙することに意味があるか，また，学力を「上下の層」や「同心円的な層」といった構造でとらえることは適切と言えるか。

### ③佐伯胖の学力観 [8]

　佐伯は，戦後の「学力論争」の中で問題とされてきた「測定」をめぐる議論と，それに関わる態度主義，科学主義それぞれの学力規定にどのような欠陥があったかを分析，考察した上で，測定と学力に関して次のように述べています。
　「どんなに適切で，信頼性や妥当性の高いテストであろうと，テストによる測定値は，いわゆるある操作に対する結果であって，それ自体は別段「能力」でも「学力」でもない。」(p.12)
　「そのような操作の結果を「学力」の現れとみなすということは，その結果をその子どもに対するわれわれの理解にどのように役立たせるか，あるいは，その子どもへの教授活動にどのように役立たせるかというプランを含意している話であり，そのようなプランを具体的に明らかにしないで，「学力」なるものの実在性を想定したり，客観的な認識対象とみなすことはまったく無意味なことと考える。」(p.12)
　これは「「学力」というものの実在性をはっきり否定してみてはどうか」という提案ですが，「学力という実体は存在しないのだが，学力ということばを

どうしても用いなければならないとしたならば」といって次のように学力を規定しています。

「学力とは，子どもの知的性向のうち，その獲得・形成が教師の意図的・計画的・組織的な教授活動に帰せられるべきことが（何らかの理論的・実践的根拠から）主張できる部分をさす。」(p.13)

佐伯はまた，こうも述べています。(p.9)

「学力」ということばが「子どもの能力を何らかの基準に照らして評価するときに用いることば」，「子どもが『どういうことがどれだけできるか』という作業の達成に注目させることば」，「教育という営みを知識や技能の伝達とみなす考え方にもとづいたことば」として使われているとした上で，これらの「学力」ということばは「学ぶ」ということと無関係な，むしろ「学ぶ」ということと対立することばである。すなわち，

・「学ぶ」ということは，子どもの側からの「学びたい，学ぼう」という自発性にもとづく行為である（他人からの評価を意識しないで行うものであろう）。
・「学ぶ」ということは，本質的に，ものごとを理解することを目指すものである（作業の達成は理解の結果か，もしくは副次的な産物と考えることによって成り立つものだと考えられる）。
・「学ぶ」ということは，自分から，人びとの文化としての知的営みに参加していこうとするときのことばである（知識や技能を伝達してもらうことを目指しているわけではないように思える）。(p.248)

このように，佐伯は「学ぶ」ということの本質を自発性，理解，参加という観点でとらえ，「学力」というものを自発性，理解を内包する「参加」—「文化的実践への参加」の中に位置付けています。そして，学力規定とその意味付けを次のように行っています。

「『学力』というものを文化的実践（文化的価値の再生産，文化的価値の創造と発見，文化的価値の理解と賞賛）の中に参加させていく中で，子どもたちへむけての『参加へのよびかけ』とみなそう。」(p.250)

「『学力』というものを文化の側からの参加のよびかけとみなすことは，子どもたちが『学力』を手がかりにして学び，それによって究極的には文化の成員として文化的実践へ参加していくべき糸口とみなすことを期待しているのである。」(p.250)

こうした学力観に基づいて，佐伯は「学力」に関しての結語を以下のように述べています。

「『学力』というのは，文化的実践の呼びかけ仲介人たる教師の頭の中に『仮説』として存在するだけのものであり，それ以上の現実性（リアリティ）をもたせて，文化や子どものどこかに存在する実体であると考えてはならない。」(p.259)

このような佐伯の学力観の背景には状況的学習論があります。従って，これまで述べてきた筆者の学習観，学力観と同質的であり，重なる部分があります。

しかし，筆者の場合，前述したように，そうした学力観を踏まえた上で，それをカッコに入れ，現実的な要請に応え得る「学力」というものを考えようとしています。

そうした立場に立って，佐伯の学力についての考えをみると，次のようなことが論点となってきます。

[論点3]「学力」というものを文化的実践の中に参加させていく中で，子どもたちへ向けての「参加へのよびかけ」とみなすとしても，実践の実体である「文化的価値の再生産，文化的価値の創造と発見，文化的価値の理解と賞賛」を行う力は，重要な学力の一つになるのではないか。

④安彦忠彦による「基礎学力の構造分析」[10]

安彦は，心理学研究の成果を踏まえつつ，能力というものが「個人のなかに見出され，形成されていく」モノ（実体）とは考えないが，ハタラキ（機能）としての能力の「実在」は否定できないと述べ，「学力」に関して，次のような見解を示しています。

「まして『学力』には，『教育内容』という客観的対応物がある。この点で『学力』は単なるハタラキではなく，教育内容の構造を何らかの形で反映した，一定の構造をもったハタラキとして，能力とは異なった『実在』のしかたをしていると考えられる。」，「物理学の『力』が物体間の相互作用として実在するように，能力も『学力』も外界との相互作用として実在するものである。」(p.110)

佐伯が「学力」の実在性を否定しようとしたのに対して，安彦はハタラキと

しての「学力」の実在性を認め，その実在性ゆえに「学力」は外に現れたもので論ずべきものであるとし，「学力」の概念を次のように規定しています。

「教育課程の形に組織化・系統化された教育内容によって育成された文化的能力のうち，測定された部分の能力である。」(p.112)

さらに，安彦は，こうした学力規定に関して，「学力」を「測られた学力」に限定することへの批判があることは十分承知しているが，「学力の高い子」とか「学力低下」とかいう場合，「測られた学力」が前提にされているという現実があり，それに対応するため「「学力」を測定の面からまずは「限定」してとらえることが必要だと考えるのである」と述べています。

その上で，従来多くの人が「学力」と呼んでいたものを，次の三点に分けています。

・理念学力：教育目標として掲げられているものの中にあり，「生きて働く学力」とか「人間的学力」とか言われるもので，「目標」という語でも代替することができるものである。
・形成学力：真の「学力」に当たるものであるが，それは潜在的可能態とし，いかにしてもつかみえないもの，したがって教育活動上の具体的手掛かりとはならない。
・測定学力：形成学力のカゲでしかないが，カゲである限りの関連を吟味していき，形成学力の育成の手がかりの精密化に役立てていける。

そして，上記のような「学力」間の関係，位置付けを，顕在的－潜在的，知識(技能)－態度，精密測定可能－精密測定不能(不可)という三つの軸を設定して［図3］のように表しています。(p.115)

こうした安彦の学力観には，前述の勝田や藤岡の学力観にあった「測定可能」という観点を入れつつも，それは「形成学力」の「カゲ」であると限定的に位置付け，両者の間の関係に言及しているところに特徴があります。

安彦の学力規定では，「学力」に関する現実的側面への配慮もあって，「測定された部分」に焦点が当てられています

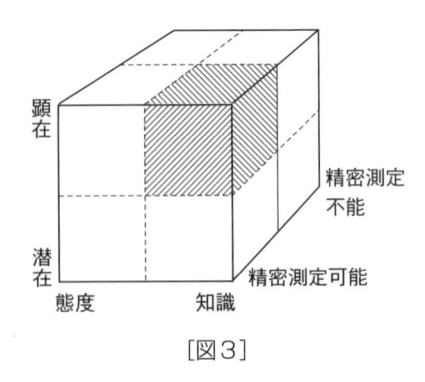

［図3］

が，そうした顕在化された測定可能な「基礎学力」としての「測定学力」の上に「潜在的可能態」でつかみえないものとしての「問題解決能力」が，さらにその上に「創造性能力」が「形成学力」として設定されています。

こうした安彦の学力観は，「学力」に関する今日的な問題に対して，ある種の示唆を与えてくれるものではありますが，同時に，次のような論点を提起しているものでもあります。

[論点4] 真の「学力」に当たるという形成的学力は，本当に教育活動上の具体的手掛かりとはなり得ないのか。

[論点5] 三つの軸による学力のとらえ方は，学力の構造化の試みであるが，それを実際の授業・学習の場にあってどう生かしていけるのか。

## |2| 学力に関する今日的課題

戦後の「新教育」をめぐって行われた「学力論争」やその後の学力研究から見えてきた論点は，大きく次のA，B二つに分けられるものでした。

論点A：学力の内包と外延（学力規定と学力の要素）[論点1，3，4]
論点B：学力の構造（学力をとらえる層，軸）[論点2，5]

これからの算数の学力を考えていくためには，これらの論点に対する考え方を明確にしていかなければなりません。

そのために考察しておかなければならないことがもう一つあります。それは学力をめぐる今日的状況であり，動静です。そこで，上記のような論点の内容が，どう扱われ，どう考えられているかということです。以下，そうした観点に立って，学力に関する今日的課題を考えてみることにします。

わが国において前述のような「学力」に関する研究，論争が盛んに行われていた頃，新たな教育・学習のあり方を決定的に方向付ける「生涯教育・生涯学習」という教育思潮が国際的な教育研究の場で発信され，それがわが国にも導入されてきました。

わが国において，そうした観点から教育体系全体の総合的な整備への着手が本格化したのは1980年代に入ってからですが，やがて，生涯学習という観点に立って「〔ゆとり〕の中で，子どもたちに〔生きる力〕を育んでいくことが教育の基本である」とする中央教育審議会答申（1996）が出され，その際の学習指導要領では，その〔生きる力〕を育成するための目玉商品として〔総合

的な学習の時間〕が新設されていきました。

　1980年代に始まり，2000年代に入って現場での教育の指針となったこの「生涯学習」－「ゆとり」－「生きる力」－「総合的な学習」といった軸は，近未来において希求される教育・学習のあり方の一つと言ってよいでしょう。しかし，現実は必ずしもバラ色の様相を生み出すには至りませんでした。

　「ゆとり教育」のもとで進められた学校週5日制による授業時数の減少，それにともなう学習指導要領内容の3割縮減という事態が，新たな「学力低下」の議論を巻き起こしたのです。

　実際，2000年代に入ると，「ゆとり教育」－「学力低下」批判という図式をめぐって次のような動きが見られるようになり，いくつかの視点から議論が行われてきました。

　一つは，2002年に学校週5日制の完全実施，新学習指導要領の実施という「ゆとり教育」政策の総仕上げがなされましたが，その同じ年に『確かな学力の向上のための2002アピール「学びのすすめ」』により文科省から学力重視の方針が打ち出され，学習指導要領の「歯止め規定」の廃止，発展的学習の奨励，削除された教育内容の教科書での復活といった一連の文部行政の動きが続きました。「ゆとり教育」の理念を堅持すると言いつつも，一方でなし崩し的にその姿を変質させていきました。「生涯学習」－「ゆとり」－「生きる力」－「総合的な学習」といった軸に「確かな学力」といった概念が挿入されてきたこともその現れです。

　また一つは，西村和雄ら大学人による調査・研究に基づいた大学生や社会人の算数・数学の「学力」低下への警鐘があり，社会的に大きな反響をもたらしたことです。[11][12] さらに，PISAやTIMSSといった国際調査（2003実施）や文科省による小中学力テスト（2004実施）の結果が発表されたことで，改めて「学力」についての論議が盛んになってきました。

　こうした「教育・学習・学力」をめぐる動きや議論の中にあって，教育界は，とりわけ教育現場は「学力」に関してどのような今日的課題を負っているのでしょうか。また，前述した［論点］に内在する問題は，解決し，解消したと考えてよいのでしょうか，依然として問題として残されたままになっているのでしょうか。以下，こうした観点に立って，主要と思われる今日的課題について考えてみましょう。

[課題1]「生きる力」－「確かな学力」に基づく学力観は教育現場での教科学習において現実的で有効な働きを持ったものとして生かされているだろうか。

　生涯学習を背景とした「確かな学力」は「いかに社会が変化しようと，自分で課題を見つけ，自ら学び，自ら考え，主体的に判断し，行動し，よりよく問題を解決する資質や能力」，及び「自らを律しつつ，他人とも協調し，他人を思いやる心など，豊かな人間性」という「生きる力」の知的側面であると説明されてきました。この学力規定は，広岡による「行為的態度」，安彦による「理念学力」などに相当するものです。しかし，「生きる力」－「確かな学力」は，「学力論争」において見られた経験主義・態度主義－科学主義という明確な対立軸のもとでの一方ではなく，前者に見られた上層の学力に相当する学力を自明の中核的概念とし，後者に見られた「計測可能な学力」を暗黙の内にそこに含まれる概念として包摂していると考えられるものです。そうした意味では，前掲の[論点1]は霧散という形で解消してしまったといってよいでしょう。

　実際，「関心，意欲，態度」や「考える力，考え方」といったものを「学力」の一部とみなす考えへの抵抗感はなく，そのこと自身が議論の対象となることも少なくなりました。さらには，「創造力，思考力」といったものも育成すべき「学力」とみなされるようになってきました。

　問題は，それらが，教育現場では「表現，処理」，「知識，理解」等の学力と並置され，明確な価値付けや関係付けがされていない点にあります。「生きる力」－「確かな学力」という概念が教科学習において理念先行の表層的なとらえ方に留まるという傾向を生み出してきた点にあります。

　また，「確かな学力」とペーパーテストによる学力調査によって測定された学力との関係が「学力論争」に見られたような緊張関係を失い，乖離したままそれぞれ別々のベクトルをもって論じられている点にも問題が残されています。

[課題2]「生きる力」－「確かな学力」に基づく学力規定のもとで，学力概念はどのように構造化されているのだろうか。最近見られるそれは単純化され過ぎていないか。

　その一例ですが，「静岡県『確かな学力』育成会議」の提言では，「現在進めている教育改革の根底には，『生涯学習』の理念があり，『確かな学力』を考えるに当たっては，生涯にわたる学習を可能にする力の育成という視点が欠かせ

ない」とした上で,「確かな学力」を「基礎・基本」と「自ら学び,自ら考える力」の両者であると概念規定しています。[13] これは1998年の教育課程審議会答申に見られるものですが,ここからは「学力」の明確な構造が見えてきません。かつての態度主義－科学主義の対立軸をつなぎ合わせた単純な1軸2分法の考えです。

また,市川伸一は,かつて「学力論争」の中で示されてきた「知識・技能－態度」と「測定可能－測定困難」という2軸の変形,再構成と見ることもできる次のような学力規定を行っています。[14] (p.12)

この学力観は,学力概念の構造化という視点から見ると,四つのセルの設定という段階のものであり,必ずしも十分なものとは言い難いものです。

[学力をどうとらえるか]

|  | 測りやすい力 | 測りにくい力 |
| --- | --- | --- |
| 学んだ力 | 知識,(狭義の)技能 | 読解力,論述力,討論力,批判的思考力,追究力 |
| 学ぶ力 |  | 学習意欲,知的好奇心,学習計画力,学習方法,集中力,持続力,(教わる,教え合う,学び合うときの)コミュニケーション力 |

学力の構造化に関するこうした今日的な状況は,前掲の[論点2]に対する明確な回答の提示にはなっていないし,学力の構造的なとらえ方としては退歩とすら言えるのではないでしょうか。

以上,学力に関する[論点]を踏まえて,学力に関する今日的課題を考察することを通して,子どもの「問い」を軸とした算数学習における「学力」を考えていく上で,最低限取り組んでいかなければならない問題は何なのか,明確にしていかなければならない事項は何なのかが見えてきました。

それは,次のようなことです。
① どのような理念のもとに,どのような「力」を算数の「学力」の構成要素と考えるのか。
② それらをどう位置付け,構造化していくのか。

## ❷「学力」の構成とその構造
### │1│「学力」の構成
#### ①上位概念の設定と算数科に固有な学力

　学力に関する主要な論点の一つは，学力の実在性を否定した佐伯の学力観は別にして，広岡が「行為的態度」としてあげた諸「態度」や安彦が「理念学力」としてあげた「人間的学力」までも学力として位置付けるか，藤岡らによる「計測可能な能力」や安彦による「測定学力」に限定すべきか，また，それらをどう位置付け，関係付けるかということにありました。

　こうした課題に対して，「生涯学習」－「生きる力」という教育理念がその解答を出しています。いとも簡単に，クリアーしてしまいました。「知識, 技能」は勿論のこと，「態度」も「考え方, 学び方」も当然のこととして学力の中に組み入れました。

　私も，そのこと自体に異論はありません。しかし，算数科の学力という観点で考えると，いまひとつ釈然としないのです。

　それは，何のための学力か，何に向かっての学力かという視点がはっきり見えてこないからです。算数の学力としての独自性，固有性といったものも見えてきません。そこには，生涯学習の一環としてとか，「生きる力」としてといっただけでは，片付かない問題があるように思えてならないのです。

　こうした欠如を払拭するためには，「何のため」という学力の目的性，「何に向かって」という学力の方向性を明らかにする必要があります。そのために求められるのは，個々の要素的学力を統括する上位概念の導入です。

　私は，そうした上位概念として「人間形成への寄与」という概念を設定したいと考えました。学力は自らの「人間形成に寄与」できる力である，そして算数の学力は，算数学習を通して培うことのできる算数科に固有な「人間形成に寄与」できる力なのだと考えたのです。

　学校教育における学習は「青少年から成人に向かって人間としての成熟」[15]を期して行われる「営み」です。そこで中核となるのは，「世界と人間主体との作業的，認知的，表現的，実践的，思索的関係の意味を充実させ，高めていく」（精神的陶冶）ことであり，「自分が何であるか，自分が如何になるかを自分にまかされた己は自分に対してどう振る舞えばよいかに目を開いていく」（自覚の覚醒）ことであり，「人間が営んでいる社会的，文化的生活の中で個人的

存在から社会的存在へと変容していく」（社会的形成）ことであるとする知見があります。[16](p.115) こうした三つの側面からの成熟の過程は，極言すれば，「自律した社会人」になるために，そこに向かって自己を形成していく過程－「人間形成」の過程です。

このうち「自覚の覚醒」と「社会的形成」は，まさに「状況的学習」を志向した算数学習－子どもの「問い」を軸とした算数学習がめざすものです。前者は学習の中での自らのアイデンティティの形成を通して，後者は学習への「参加」と「協働」によってその実現を期しています。

もう一つの側面，「精神的陶冶」は，学習の中核的な目的となるものです。算数の「学力」を構成するに当たっても，第一義的に考えていきたいことは，こうした「人間形成」－「精神的陶冶」に対して寄与できることは何かということです。

私は，そこで示されたような「世界」と「自分」との「関係の意味」を「充実させ，高めていく」ために算数学習が固有に寄与できるものとして，次の五つを考えました。それぞれの「力」の意味と内容の詳細は以下に［備考］として記しましたが，こうした「力」こそが，算数科の学習を通して培っていきたい「力」，培っていける「力」であり，「自律した社会人」として身に付けていくために算数科が貢献できる「学力」であると考えました。

・数学的な課題を設定する力
・数学的な課題を解決する力
・数学を構成する力，創造する力
・数学的な表現力，コミュニケーション力
・数学的な感性

［備考］
＊数学的な課題を設定する力
・「わかること」と「わからないこと」をメタ認知する力
・より本質的なるものへと意識を焦点化していく力
・新たな世界を開拓していく力
・自律して主体的に，能動的に追求していく力
　（具体的には）
・身近な自然現象，社会現象や何らかの数学的な情報に関して，「何だろう？」，

「どうしてだろう？」,「どうすればよいのだろう？」,「どうなっていくのだろう？」といった素朴な「問い」を持つことができる力
・素朴な「問い」を数学的に意味と価値を持つ追究課題に転換し, 具体化することができる力
＊数学的な課題を解決する力
　(次のような力の総体)
・課題の本質を的確に把握する力
・前提, 条件を明確にする力
・課題解決のための方向や結果を予想する力
・必要な情報を収集する力
・既知の知識, 技能の効果的な活用, 適切な論拠の選択, 誰もが認める有効な推論等に基づいて課題を解決し, 解答を得る力
・得られた結果を検証し, 吟味し, 賞味する力
＊数学を構成する力, 創造する力
・数学として価値ある法則や公式, アルゴリズムを創り上げ, その結果を美しくまとめる力
・広く活用できる数学的な性質や規則性を発見する力
・数学的な前提, 条件, 制約等をゆるめたり破棄したりして, 数学を発展的に拡張していく力
＊数学的な表現力, コミュニケーション力
・様々な媒体を用いて事象・事実を正確に伝える力
・正当な論拠に基づいて説得する力
・他の意見・知見を理解し, 必要に応じて自らを変容させるとともに, 他に働きかけていく力
　(具体的には)
・自分の考えを持つ
・自分の考えを他に伝える, あるいは自分の考えを他に納得してもらうことを目的にして, それを様々な形態の媒体 (話す, 書く, 図・表・グラフ・式等による表示) を使って表現する力
・他からもたらされた考え (話, 文章, 図・表・グラフ・式等による表示) を理解する力

・他からもたらされる考えと自分の考えを関係付ける，また，それらの考えをそれぞれ関係的にとらえ，位置付ける力
・様々な考えの関係付け，位置付けを基にして，必要に応じて自分の考えを変容させたり，それらの考えに対して自分の考えを付与し，他に働きかけていく力
＊数学的な感性
・数学的な考えや方法や表現，さらには数学に内在する精神に感動したり，驚いたり，面白いと思ったり，不思議さを感じたりして，その美しさ，すごさ，みごとさ，巧みさ等を感得する力
・数学的な真理を洞察したり，数学的な構築物等をイメージしたりする力

②Toolとしての「学力」

　上位概念の導入と「人間形成のための学力」という考え方を述べましたが，それだけでは，前述した学力に関する二つの主要な［論点1，2］についての回答としては不十分です。「態度」や「思考力」などを学力と考えるとしても，それをどう位置付けるのか，「知識・技能」とどう関係付けていくのか，また，それらをどう構造化していくのかということについての考察が残されたままです。

　筆者は，こうした論点に対処するための一つとして「Toolとしての『学力』」という概念を導入することにしました。

　「人間形成のための学力」を培っていくためには，問題設定や問題解決にしろ，数学の構成・創造や数学的表現にしろ，そのために使われ，そのために役立ち，有効に機能する「知識・技能」が必要です。様々な様相を持つ「思考力」や「直観力」といったものも必要です。これらを算数学習における「働き」に着目して「道具：Tool」という概念でくくり，位置付けました。

　また，「知識・技能」と「思考力」や「直観力」のようなものの性格の違いから両者を以下のように区分し，それぞれをHard Tool，Soft Toolと名付けました。

　［Hard Toolとしての学力］
　　　知識・技能
　［Soft Toolとしての学力］とその特性
　　① 直観力，洞察力，イメージ力（貫流的な内的行為としての力）
　　② 論理的思考力：演繹思考力，帰納思考力，類推思考力（中核的な内的行為としての力）

③　批判的思考力，計画的思考力，関係把握力（包囲的・補完的な内的行為としての力）
　④　抽象化，理想化，一般化，特殊化等の「数学的考え」を行う力（個別的・方法的な内的行為としての力）

　これらの［Soft Toolとしての学力］は，広岡の言う「行為的態度」，安彦の言う「理念学力，形成学力」に当たるものですが，私は，それらを上層に位置する学力とは考えず，「人間形成のための学力」を培っていくために不可欠な「道具：Tool」としての学力として位置付けました。
　なお，こうした［Toolとしての学力］は，もう一つ大きな特性を持つものです。これらはそれ自身では潜在的学力であるということです。それが「道具：Tool」として使われて初めて顕在化する学力であるということです。例えば，小数どうしのかけ算ができる，帰納という考え方を知っているということは学力ではありますが，それだけでは意味がありません。それらが有効に使われて初めて真の学力になるということです。
　この「道具：Tool」という言葉を使うと，こんなご利益もあります。それはその語感から子どもたち向けに次のような比喩を行うことができることです。
・どんなによい仕事をしようと思っても，そのために必要な「道具」がなければできない。たくさんの「道具」が「道具箱」に入っていなければならない（算数の学習に不可欠な学力）。
・「道具」は持っているだけでは意味がない。使って初めてその価値を発揮するものである。そのため，「道具」はいつでも使えるように手入れをしておかなければならない。また，すぐ取り出せるように「道具箱」の中を整理しておかなければならない（反復練習が必要な学力，確かな習熟と定着が求められる学力）。
・「道具箱」には，私の「道具箱」もあるが，みんなで使える学級の「道具箱」もある。私の「道具箱」に欠けているものがあったら，学級の「道具箱」を覗いてみよう（学級の共有文化財としての学力）。
　これらの比喩は，「Toolとしての学力」が算数学習において極めて重要であり，なぜ，習熟・定着の度合いをチェックする試験や調査が行われるのか，なぜ，機械的ともとれる練習をさせるのか，させられるのかといった教師そして子どもたちの「問い」への回答になるものでもあります。また，学習を社会文化的

実践（文化財づくり）への「参加」と成果の「共有」と考えると，Toolは，個々の子どもにその習得を求めるだけのものではなく，学級としての「文化財」として位置付けることもできます。

## ｜2｜「学力」の構造

算数学習における「学力」を「人間形成のための学力」と「Toolとしての学力」に分け，その意味と意義を述べてきましたが，これでは「学力」を二つのセルに分けたに過ぎず，構造化されていません。この両者を有機的に結び付け関連付ける必要があります。

そうした役割を果たすのは，一つは，既有の「Toolとしての学力」を「活用する力」，すなわち潜在的な学力を顕在化させていく「力」です。ここで言う「活用」とは，「人間形成のための学力」としてあげた五つの「力」を培う学習場面で，必要とされ有効と考えられる既有の「Tool」を選択し，それらを結合して，場面に応じて適切に用いることです。

また，その一つは，新たな「Hard Tool」を「創出する力」と「Soft Tool」を「強化したり，深化していく力」です。ここで言う「創出」とは，数学的な課題解決や数学の構成・創造という学習活動を通して，新たな「知識・技能」を発見したり，つくり出したりして，それらを既知の知識・技能と関係付けながら自分の，そして自分たちの認知構造の中に組み入れていくことです。そして，「強化」とは，これまでの算数学習や生活体験を通して徐々に体得してきた「論理的思考力，直観力，イメージ力」等の「力」を繰り返し使うことによってより確かなものにしていくことであり，「深化」とは，それらの質をより高めていくことです。

「人間形成のための学力」を培っていく学習にあっては，既有の「知識・技能」や「数学的な考えや考え方」が有効に使われなければなりません。一方，「人間形成のための学力」を培っていく学習は，新たな「Hard Tool」の「創出」とその成果の蓄積をめざした学習であり，「Soft Tool」の「強化」や「深化」が行われていく学習でもあります。

従って，「学力」を構成する中核的な要素としての「人間形成のための学力」と「Toolとしての学力」は，こうした「Toolとしての学力」の「活用」と「Toolとしての学力」の「創出」，「強化・深化」によって結び付けることができる「学力」であり，構造化していくことができる「学力」であると私は考えました。

そして、以上のような考えのもとに、私は、算数の「学力」を次のように規定することにしました。

算数の「学力」とは、有機的に関連する次のような四つの力の総体である。
- 「人間形成のための学力」
- 「Toolとしての学力」
- 「人間形成のための学力」を培うために「Toolとしての学力」を「活用」する力
- 「人間形成のための学力」を培うことを通して「Toolとしての学力」を「創出，強化・深化」する力

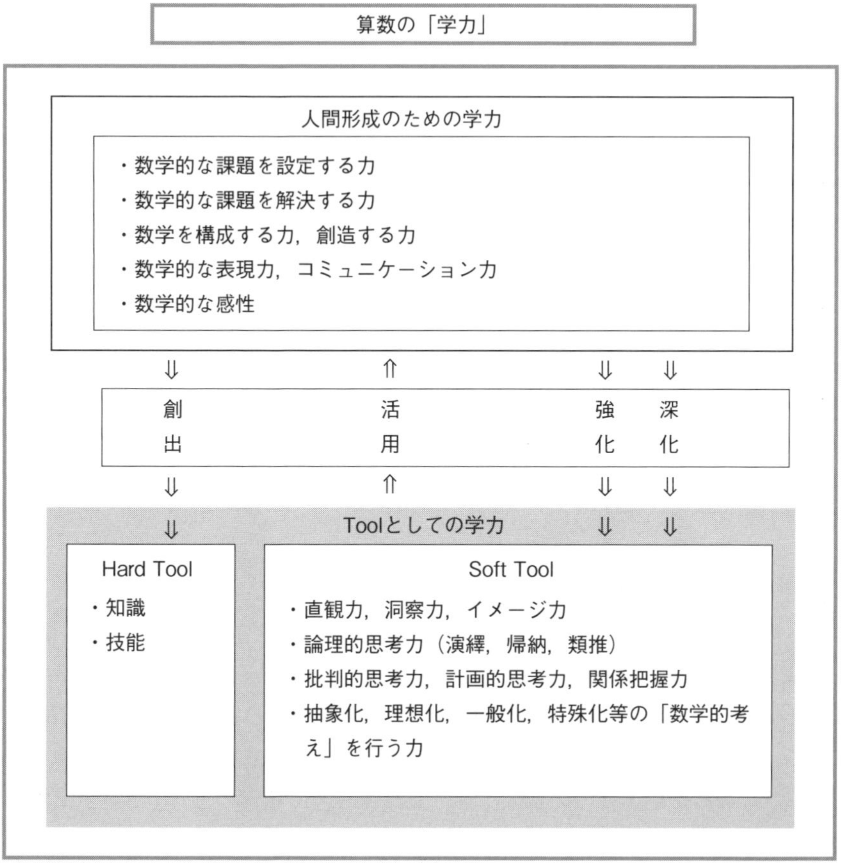

算数の「学力」

人間形成のための学力
- 数学的な課題を設定する力
- 数学的な課題を解決する力
- 数学を構成する力，創造する力
- 数学的な表現力，コミュニケーション力
- 数学的な感性

⇓　⇑　⇓　⇓
創出　活用　強化　深化
⇓　⇑　⇓　⇓

Toolとしての学力　⇓　⇓

Hard Tool
- 知識
- 技能

Soft Tool
- 直観力，洞察力，イメージ力
- 論理的思考力（演繹，帰納，類推）
- 批判的思考力，計画的思考力，関係把握力
- 抽象化，理想化，一般化，特殊化等の「数学的考え」を行う力

[図4]

[図4]は，こうした「学力」観のもとに，「学力」の構造と構成要素間の動的な関連を図示したものです。

　だいぶ遠回りをしましたが，やっと私の算数学力観とその構造を示すことができました。そこで，もとに戻って，こうした「学力」と「子どもの『問い』を軸とした算数学習」との関係を確認したいと思います。
　上述の「学力」は，「子どもの『問い』を軸とした算数学習」における「学力」として考えたものですが，それらは，どのような授業・学習が行われようとも，めざしたい算数の「学力」であると私は考えています。
　では，両者に，どのような違いがあるのでしょうか。私は，学力観というものはそれ自身単独に語られるべきものではなく，学力観と学習観との一体化が必要であると考えています。「このような」学習を通して「このような」学力の育成を図ろう，「このような」学力を育成するために「このような」学習をしていこうと考えることです。
　「子どもの『問い』を軸とした算数学習」には，その「このような」があります。それは，本節の冒頭で述べましたように，次のような「力」の育成を上述のような四つの「学力」育成の前提としていることです。
　「学習によって習得していくことは，個々の知識や技能ではなく，学級としての価値あるシゴト（問題解決や数学の構成・創造）にその子なりに『参加』し，仲間と協働して，そのシゴトの遂行に寄与していける力である。」
　「学力」は個々の子どもが単独に習得していくものではなく，学習集団としての学習活動に「参加」し，それに「寄与」していく中で培っていくものであるという前提です。
　「子どもの『問い』を軸とした算数学習」にあっては，こうした前提のもとで，すなわち「学級としての文化財づくりへの参加」，「学習集団における協働」，さらには「資源へのアクセス」，「一人ひとりのアイデンティティの形成」といった授業・学習のあり方，状況のもとで，「人間形成のための学力」，「Toolとしての学力」，「活用力」，「創出する力，強化・深化する力」等の「学力」を培っていくことをめざしています。そうしたあり方，状況のもとでこそ，これらの「学力」の確かな育成を期することができると考えているのです。

## 第5節　算数学習における数学構成力・創造力

　前節では，算数の「学力」一般について考察し，それらと「子どもの『問い』を軸とした算数学習」における「学力」との関係について述べました。

　本節では，さらに歩を進めて，そうした「学力」の中の「数学構成力・創造力」に焦点を当てて算数の授業・学習のあり方について考えていくことにします。「数学構成力・創造力」は，「人間形成のための学力」として挙げた五つの「学力」の中にあって特に取り上げて論じていく意味と価値があると考えるからです。

　なぜ，私がそう考えるかを述べます。そのため，まず，単元の初めの授業で使われる問題や教科書の導入問題を見てもらうことにします。そこでは，よく「問題解決」を求める課題が提示されています。

　例えば，教育出版「小学　算数6下」の「分数のわり算」の導入ページでは，次のような課題が提示されています。

> 1．1/4 dℓで2/5㎡のかべをぬれるペンキがあります。
> 　　このペンキ1dℓでは，何㎡のかべがぬれるでしょうか。

　また，同社「小学　算数5上」の「四角形」の導入ページでは，子どもらしくデザインされた長方形のカードの事例を三点提示した上で，次のような操作活動を促す問いかけがなされています。

> 三角定規やものさしをカードに重ねて，四角形のデザインをしましょう。

　これらは，いずれも「問題解決」のための課題です。前者では，「○○㎡」という数値が正しく求められれば解決ですし，後者では，美しいデザインが描ければ解決です。

　しかし，こうした解決そのものが，これらの単元の学習の主たる目的ではありません。そのことは，教師は勿論のこと子どもたちもうすうす気づいていることです。これらの課題は，その単元の学習のための動機付けや切り口であったり，これから学習していく内容をそれとなく暗示しているものです。あるいは，この単元の学習を終えた後で解決したい問題場面を前もって提示しているものです。実際，学習活動の中心は，前者では分数のわり算の手順，すなわち「分数のわり算のアルゴリズム」をつくり上げることであり，後者では平行線を使ったきれいなカードをつくるために必要な「平行四辺形の性質や条件」を発

見していくことです。しかも、そのために多くの学習時間が当てられています。

これらの事例から見えてくることは、一般的な算数の授業では、単元の導入で「問題解決」的な課題の提示があっても、学習の中心は「法則やアルゴリズム」をつくったり、「性質や規則」を発見したりして、それらをまとめることにあるということです。そうした授業にあって、子どもたちが培っていける、あるいは、培っていかなければならない中核的な「学力」は、「数学構成力・創造力」であるといっても過言ではないでしょう。

「人間形成のための学力」として挙げた「学力」はどれも大切な「学力」ですが、本節では、上述したような考えのもとに、特に「数学構成力・創造力」に焦点を当て、詳細な考察を試みていくことにします。

### ❶ 数学構成力・創造力の育成のための授業構成

│1│ 「学力」としての数学構成力・創造力

前節で示した「学力」構造の中で、「人間形成のための学力」の一つとして位置付けた「数学構成力・創造力」は、次のような「力」でした。

① 数学として価値ある法則や公式・アルゴリズムを創り上げ、その結果を美しくまとめる力

（注）「美しくまとめる」とは、簡潔、的確、明瞭な表現で、高い一般性と利便性を持ったものとしてまとめることである。

② 広く活用できる数学的な性質や規則性を発見する力

③ 数学的な前提、条件、制約等をゆるめたり破棄したりして、数学を発展的に拡張していく力

こうした「数学構成力・創造力」は「課題設定力」、「課題解決力」、「数学的表現力」、「数学的感性」等と深くかかわる学力ですが、それが算数の授業・学習の中にあって中核的な位置を占める学力、質の高い学力と考えるのは、「数学構成力・創造力」が次のような特性を持っているからです。

その一つは、既に述べましたように、通常行われている算数の授業の「ねらい」は、そのほとんどが「数学の構成・創造」にあるということです。実際、「円の求積公式」や「小数のわり算の筆算のアルゴリズム」を創り上げる、「たし算やかけ算の計算における法則や規則」を発見する、「端数処理のために小数や分数の世界へと数を拡張」していく、などを目的とする授業が行われています。

また、その一つは、「数学構成力・創造力」が最も多面的で質の高い数学的特性を持っているということです。

私は、数学的な行為とその所産に関する評価において、次のような広義の評価の観点を設定しています。

① 美的である：形（構成，構造），追究過程（思考プロセス），表現等に美しさがみられる，感じられる。
② 論理的である：論拠の明確さ，論理の一貫性，推論の有効性，構成・構造における無矛盾性等を備えている。
③ 本質的である：論点・観点・視点に数学に固有な質の高さがある。
④ 一般性がある：適用の範囲が広い。また，数学の統合・発展，拡張を可能にする。

そして、こうした四つの評価の観点から前掲の五つの「学力」をとらえるとき、それぞれの内に求められる主たる観点は以下のようになると考えています。
・数学的課題設定力：本質的である，一般性がある
・数学的課題解決力：美的である，論理的である
・数学構成力・創造力：美的である，論理的である，本質的である，一般性がある
・数学的表現力：美的である，論理的である，一般性がある
・数学的感性：美的である，本質的である

こうしたとらえ方が許されるならば、「数学構成力・創造力」は他の「学力」と有機的な関連を持ちつつも、その中にあって最も多面的、統合的な「学力」として、また中核的な「学力」として位置付けることができるものです。

「数学構成力・創造力」の特性と考えられる事項を二点挙げましたが、こうした特性は、「数学構成力・創造力」の育成が、算数学習においていかに重要かを物語るものです。それはまた、「数学の構成・創造」を通した文化財づくりをめざす「子どもの『問い』を軸とした算数学習」においても重視していきたいことなのです。

## ｜2｜ 授業構成のための基礎的要件

「数学構成力・創造力」の特性とその位置付けについて述べましたが、次に考えなければならないことは、そうした「学力」の育成をめざした授業をどのように構成していくかです。

ここでは，第3節で述べた「算数学習のパラダイム」の中の「学習の本性・方法・環境」，「軸足の移動」，「授業のフレームワーク」と第4節で述べた「学力観，学力の構造」をその基底に据えることにします。そこにあったものを，「数学構成力・創造力」育成をめざす授業に組み入れていくことにします。
　それは，次のような要件①～⑫（以下，これらを［要件A］とします）を基底に据えた算数の授業・学習のもとで「数学構成力・創造力」育成をめざす授業のあり方を考えていくということです。
① 授業が，「基本的内容の概観」⇒「課題設定」⇒「課題追究」⇒「新たな課題設定」というサイクルとして展開される。
② 授業が，子どもたちの「参加」と成果の「共有」として行われる。
③ 授業が，目的達成に向けての螺旋的・連続的な「問い」の協働的追究によって行われる。
④ 授業が，学級における「作品（文化財）づくり」の過程になる。
⑤ 授業で，子どもたちのアイデンティティ形成の実現が図られる。
⑥ 授業で，子どもたちに必要な数学的情報の入手と活用の機会が与えられる。
⑦ 授業で，子どもたち全員に正規な形で「問う」機会が与えられる。
⑧ 授業で，子どもたちに思考・発想・方略選択の自由が保障される。
⑨ 授業で，子どもたちに学習の過程及び成果に関してメタ認知を行う機会が与えられる。
⑩ 授業で，子どもたちが「Toolとしての学力」を活用する。
⑪ 授業で，子どもたちが「Toolとしての学力」を創出，強化・深化する。
⑫ 学習課題を，学級としての「数学の構成・創造」であることが明確にとらえられる記述で表現する。
　なお，⑫を［要件A］につけ加えたのは，次のような意図からです。
　「数学の構成・創造」のための学習活動は，問題解決のそれと重複することがありますし，場合によっては，問題解決という学習活動そのものになることもあり得ます。しかし，両者を同一視することはできません。両者を比べると，課題のとらえ方や課題意識において，また，それぞれに内在する特性において微妙な差異が存在するし，時には学習活動をまったく異なる方向に導いていくような違いがあるからです。
　例えば，「円の面積」の学習を例にとると，教科書においては次のような課

題によって学習の流れが形成されています。(「小学　算数5下」教育出版)
　［1］「半径が10cmの円の面積を調べましょう。」
　［2］「円の面積を求める公式を考えましょう。」
　このような学習課題の提示でも，授業の展開いかんでは，学習活動を「円の求積公式」の創造に向かわせることができます。しかし，次に示すように「数学の構成・創造」であることが明確にとらえられる記述で表現した場合の学習の流れと比較する時，そこには微妙な差異が生ずるはずです。
　［1］「円の面積を求める公式をみんなでつくり上げよう。」
　［2］「そのためには，まず，どんな手順で，どんなことをしていけばよいだろうか。」
　この課題表現は，上の課題表現の背景に内在することがらを，前面に引き出したものに過ぎないと見ることもできますが，看過できない違いがあります。その一つは，「考えましょう」という問いかけと「作り上げよう」という問いかけの違いから生じる意識の差異です。さらに，「構成・創造」にあっては，手順や方法が重要な意味を持つことを認識させるかどうかという違いもあります。
　また，「構成・創造」を「個」の次元に留まらせることなく，「個」の考えやアイディアを集約し，集団としての「文化財」をつくり上げ，その結果を「個」が共有するという学習観に立つならば，「みんなで」という文言も意味を持ちます。
　このように，「数学の構成・創造力」育成をめざす授業にあっては，なし崩し的に学習の主題に迫っていくのではなく，学習の始点から，学習の方向性を明示し，その方向に向かおうとする意識を子どもの内に喚起しておきたいのです。それは，子どもが算数の「学び方」を習得していく上でも重要なことです。

### ❷ 創造性理論からの考察

　「数学構成力・創造力」育成をめざした授業構成を考えるに当たって，そのための基礎的要件として［要件A］を設定しましたが，その具体化を図っていくためには，さらに次の二つの作業を行っておく必要があります。
① 「構成・創造」という観点から，改めて前述の「数学構成力・創造力」及び［要件A］を見直し，必要に応じてその明確化をはかる。
② 「構成・創造」という観点から見て，［要件A］以外に考えるべき要件はないか，あるとすればどのようなことかを明らかにし，要件に加える。
　私は，これらの作業を行うために，人間の行為のすべての分野にかかわるも

のとして研究されている創造性理論を参考にすることにしました。それは，創造性理論が「創造」という行為の同一性から，「数学の構成・創造」の特性，様相，プロセス等を包摂していると考えたからです。

　以下，少々長丁場になりますが，そうした視点に立って，「数学の構成・創造」にかかわると考えられる事項に関して創造性理論を考察していくことにします。また，その中で，［要件A］以外に要件として加えることが望ましい，あるいはその必要があると考えられるものがあれば，それらを抽出し，［要件B］とすることにします。

## |1| 創造，創造性

　「創造」とは何か，「創造性」とは何か，その概念規定は，心理学者や創造性の研究者によって行われてきました。次の記述はそれらの事例です。
- 創造性とは，私たちの過去の経験を深く掘り下げて，これらの選択された経験を結び合わせ，新しいパターン，新しいアイディアまたは新しい所産を作り出すことである。(Smith J.A.)[17] (p.77)
- 創造とは，異質な情報や物を今までにはない仕方で結合することによって，新しい価値を生み出す過程である。(恩田彰)[17] (p.17)
- 創造とは，ある主体にとって既知のことがらを組み合わせ，その主体にとって，ある観点からみて有用な未知のことがらを構成することである。(國藤進)[17] (p.17)
- 創造とは，人間が問題を異質な情報群を組み合わせ統合して解釈し，ある社会あるいは個人レベルで，新しい価値を生むことである。(高橋誠)[17] (p.18)

　このように創造・創造性の概念規定は様々ですが，その構造には共通点があります。それは，いずれも「何を使ってか」(既知のことがら，過去の経験等)，「どのようにしてか」(組み合わせ，新たな仕方での結合等)，「何を生み出すのか」(新しい価値，有用な未知のことがら等) という三つの要素によって構成されている点です。

　これらの三つの要素の内容は，「数学構成力・創造力」としてあげた前述の三つの「力」①，②，③ (p.46) の育成のいずれにあっても求められる要素です。

　すなわち，これらの「力」の育成を期した学習は，どれも「新しい価値」や「有用な未知のことがら」の創出を目的として行われるものであり，そこでは，「既知のことがら」や「過去の経験」の選択とそれらの「組み合わせ」や「新

たな仕方での結合」が求められています。

　従って，こうした「数学の構成・創造」は創造性理論における「創造・創造性」に包摂されるものであり，次のようにその内包を規定することのできるものです。これは，「数学の構成・創造」の意味をより明確にしてくれるものです。

　「数学の構成・創造は，目的に即して既有事項群の中から有効と考えられる事項を選択し，それらを結合し，統合することによって新たな価値ある数学を生み出すことである。」

　なお，創造性に関しては，そこに内在している次のような価値についても目を向けておく必要があります。

　「創造性は，知性，自主性，人間性，生きる意欲といった能力と密接に結びついている。」[18] (p.2)，「創造性，知性，人間性といった能力を育てることは自己変革，自己創造を遂げることなのである。」[18] (p.7)

　これらは，数学構成力・創造力の育成は広義の人間教育としての機能を有しているという私の「学力観」に通じるものです。

## ｜2｜創造，創造性における「あたため」と「ひらめき」

　創造性や創造的思考についての研究において，必ず取り上げられることの一つに「ひらめき」とか「霊感」と言われるものがあります。

　例えば，ワラス（G.Wallace）による創造過程の4段階説[17] (pp.35〜38) においては，その様相を次のようにとらえています。

① 準備 (preparation)：まず，創造しようとする意欲が生じ，そのための準備が行われることが必要である。問題があらゆる方面から検討され，意識的に苦しい努力が払われる時期であり，論理的思考が盛んに行われる。

② あたため (incubation)：自分の意志でよいアイディアを捻出するというのではなく，考えが熟して自然に出てくるのを待つといった状態であり，論理的思考を停止し，無意識の力を参与させて，直観的思考を働かせる時期である。それは，仕事に没頭している状態から解放された状態で，休息しているときとか，旅をしているときなどである。

③ 解明 (illumination)・霊感 (inspiration)：何かの拍子に突然新しいアイディアが浮かんでくる時期，そこでは直観的思考が盛んに働く。そこで生まれるアイディアは，自発的，自律的で，アイディアが自分以外のものから，向こうからやってくるという印象を与える。

④ 検証（verification）：浮かんだアイディアを評価し，検証し，または必要に応じて修正する。直観的思考によって出てきたアイディアやイメージを論理的思考によって確かめ，検証する段階である。また，アイディアは決して最終的，完全なものではないので，それは修正され，洗練され，さらに実現されなければならない。

算数の学習場面においても，子どもたちは，取り組んでいる課題に関して何らかの「ひらめき」を感じ，アイディアを思い浮かべることがあると言ってよいでしょう。ただ，上述したような「ひらめき」との決定的な違いは，通常，短時間のうちに考えやアイディアを求められ，「あたため」という時間や機会が十分与えられていないということです。それは授業という時間的な制約や取り組む課題の性格を考えるといたしかたないことです。しかし，子どもの「数学の構成・創造」の質を高めていくためには，何らかの形で「あたため」の時間と機会を与える工夫がなされてもよいのではないでしょうか。

従って，次の事項は，［要件B］として加えたいことの一つです。

① 「数学の構成・創造」の過程において，時には，授業とは異なる場で「あたため」と「ひらめき」の時が持てるような機会を与える。

## 3 創造性における感性

ジャック・アダマール（J.Hadamard）は，数学における発明の心理を論ずる中で，次のようなことを指摘しています。

「科学の諸分野においては，もっとも厳密な分野においてさえ，詩的な情緒と知性の戦慄なしには一つの真理も生まれることはない。たとえ，アルキメデスやニュートンに匹敵する天才によってさえも。」[18] (p.20)

「どんな発見や発明でも感情的要素が一つの重要な部分であることはあまりに明白であり，何人かの思想家によって主張されてきたことである。確かに，発見の意志なしには重大な発見や発明はありえないことは明らかである。しかし，ポアンカレとともに私たちは，それ以上に，発見の不可欠の手段として美的感覚が関与していることを知る。」[18] (p.43)「発明は選択であり，その選択はどうしても科学的美的感覚に支配される。」[19] (p.43)

これらは，天才的な数学者による発見，発明に関する知見であり，小学生にとっては無縁なことであると考えることもできます。しかし，解法や証明の美しさ，簡潔・明瞭に一般化された公式や法則の美しさ等は，その機会と視点を

適切に与えさえすれば，子どもたちにも感じさせることができるものです。

「数学の構成・創造」は創造的な発見，発明と深くかかわるものであるだけに，そこでの美しさに対する感覚，感性を培い，高めていくことは小学生にとっても大切なことであると考えてもいいのではないでしょうか。

「数学構成力・創造力」の特性としてあげた「美的である」ことと符合するものですが，これも［要件B］の一つととらえたいことです。

② 複数のアイディアや解法からの選択や法則化，公式化の時点では，「どちらが美しいだろうか」とか「もっと美しい形に表せないだろうか」といった感性的な働きかけを繰り返し行っていく。

### ｜４｜創造性を持つために求められる諸能力・人格

創造性研究においては，通常，創造性は「創造的能力」（狭義の「創造力」）と「創造的人格」という二面から論じられています。創造性は単なる創造的思考・技能ではなく，その人の「性格」とか「態度」といったものが深く関与するというのです。

次の表は，河野重雄による調査結果[18]（p.41），滝沢三千代による調査結果[16]（p.42），及び，中戸義禮[18]が創造性を持つために必要な能力に関する要請としてあげた19項目を筆者が質的に似通ったものどうしまとめてみたものです。

| | | | |
|---|---|---|---|
| ア | ・夢，目標を持て<br>・広い視野を持て<br>・探究心を持て<br>・あくなき情熱を持て<br>・自己主張できるようになれ | ・目標に向かって努力せよ<br>・開拓的，冒険的精神を持て<br>・知的好奇心を持て<br>・使命感を持て | ・大きな構想を持て<br>・在野精神を持て<br>・興味，関心を持て<br>・自分を生かせ |
| イ | ・深い問題意識を持て<br>・徹底的に考えよ<br>・問題に対する感受性を高めよ | ・本質を見抜く力を持て<br>・柔軟な頭を持て | ・鋭い観察力を持て<br>・自主的に思考し，判断せよ |
| ウ | ・孤独に耐えよ<br>・とらわれるな | ・困難を避けるな<br>・環境に対して積極的に働きかけ，受け入れよ | ・流行に流されるな |

厳密な意味での分類は難しいですが，ア，イ，ウはおおむね次のような性格を持ったものと見ることができます。

　　［ア］：ものごとへの一般的，包括的な姿勢，態度に関する要請
　　［イ］：対象に向かっての追究のあり方に関する要請
　　［ウ］：状況への対応や行動・活動に関する要請

［ア］は，その人間の生き方・人格全般にかかわるものであり，限られた時間と場によって培うことのできるものではありません。また，生来の性格や成育歴によっても左右されるものでもあり，その実現は決して容易ではありません。しかし，これらは，「数学構成力・創造力」育成のための授業を支える姿勢，態度として長期的展望に立って培っていきたいことです。
　そのためには，子どもたちの生活の中の様々な機会をとらえて，次のような姿勢や態度についての指導をしていくことが大切になってきます。
　　a. 夢や大きな目標を持ち，その実現のためにあくなき情熱を持って立ち向かっていくこと。
　　b. 何事に対しても，開拓的精神や探究心，知的好奇心を持って取り組み，積極的に自分を表現していくこと。
　［イ］は，算数の授業・学習の場にあっても，教師が授業展開，学習活動，学習環境に関して適切な考え方を持ち，それを実践していくならば培っていける可能性を持つ事項です。これらは，「子どもの『問い』を軸とした算数学習」がその実現をめざしていることでもありますが，次のような要請としてとらえ，［要件B］としていきたいことです。
③「数学の構成・創造」の場にあって，次のような事項を実現していく。
　　a. 子どもたちに「深い問題意識」を持たせるために，自ら問わせたり，何が問題か，何が障壁かを見極めさせるような問いかけをしていく。
　　b. 子どもたちの「本質を見抜く力」を高めるために，思考や操作の対象に潜む数学的な「よさ」（本質）に目を向けていく場と時を適宜設定する。
　　c. 子どもたちの「問題に対する感受性」や「鋭い観察力と柔軟性」を高めるために，問題や対象が語りかけていることの意味を自らの判断や感覚でとらえさせたり，いろいろな視点から考えさせたりする働きかけを適宜行っていく。
　［ウ］は，教師による励ましや支援，指示を通して，その実現を期していくべき事項です。

## 5 創造・創造的問題解決のプロセス

　創造・創造的問題解決のプロセスには，個人におけるプロセスと集団におけるプロセスが考えられます。前者に関するそれには諸説がありますが，前掲のワラスの4段階説もその一つです。一方，個人のみならず集団におけるプロセ

スに関するものと考えられる説にもいろいろあります。
　次に示すアリエティ（S.Arieti）の創造過程[20]もその一つです。
①問題発見
②課題形成過程（問題点を分析し，解決しうる具体的な課題にする）
③情報収集
④仮説設定（生じたひらめきを仮説に仕上げる）
⑤検証
　また，高橋誠は，「問題とは，期待と現状との差である」[17](p.117)ととらえた上で，集団における創造プロセスを次のような「六つのステップ」にまとめています。[17](pp.139〜141)
①問題設定：問題を定義づける（問題そのものが何なのかはっきりさせる）。
②問題把握：問題自体を明確化する（その問題に関係のあるありとあらゆる事実を洗い出し，徹底的に分析する。そして，真の原因をはっきりとらえる）。
③課題設定：解決すべき課題を決める（問題点をどういう方向で解決するか，解決すべき課題を決める）。
④課題解決：解決策と手順を決める（課題を解決するための主要な解決目標を探す。解決目標が決まったら，各目標ごとにありとあらゆるアイディアを出しつくし，それらを評価し，具体化をはかる）。
⑤総合評価：実行前に検討評価する。
　（④の解決計画を検討評価する。評価は構想などの全体評価とともに，手順のチェックなどを細かく評価することが大切である）。
⑥解決行動：解決策を実行する。
　これらの事例は，会社や研究所といった実社会の組織における創造ないしは創造的問題解決の過程を想定したものですが，次に示すように「状況的学習」を志向した算数学習における「数学の構成・創造」の過程と符合する部分がかなりあります。
　ここで注目しておきたいことは，アリエティ，高橋がともに創造過程の始点に「問題発見・問題設定」を置いている点です。その背景には，アメリカの心理学者ギルフォードが「創造力のある人」の素質として，第一に「問題に対する敏感さ」[17](p.121)をあげていることや「情報とは『情（なさけ）を報ずる』，つまり，情報とは単に頭が理解するものではなく，その人の心をゆさぶり，感

| | アリエティ | 高橋誠 | 算数学習における「数学の構成・創造」 |
|---|---|---|---|
| ① | 問題発見 | 問題設定<br>問題把握 | 学習内容を概観し，自らの「問い」を持つ。 |
| ② | 課題形成過程<br>（情報収集） | 課題設定 | 数学的に価値のある追究課題を明確にする。<br>必要に応じて資源へのアクセスを行い有効な情報を得る。 |
| ③ | 仮説設定 | 課題解決<br>総合評価 | 各自が自分の考えに基づいて解決への見通しや方法についての総合評価を行い，解決を試みる。 |
| ④ | | 解決行動 | 学級全体で様々なアイディアを比較検討し，協働追究を行い，新たな「数学」を創り上げる。 |
| ⑤ | 検証 | | 創り上げた「数学」の意味付け，価値付けを通して，学習のメタ認知（振り返り）を行う。 |

情を動かすものといえる。そのような感性を持っていることが問題意識を持つことといえるだろう」[17]（p.122）といったことがあると考えられます。

「子どもの『問い』を軸とした算数学習」においても，授業構成の第一段階に，子ども自身が「問い」を持ち，そこから数学的な追究課題を形成していくステップを置いています。「数学の構成・創造」においても，このステップは欠くことができないものです。

以上のことから，「数学の構成・創造」過程を［要件A①］を基にしつつ，次のように考えることとしました。

「数学の構成・創造」過程を次のような段階のサイクルとする。
　　ア　問題発見
　　イ　課題設定
　　ウ　自力解決
　　エ　協働追究による学級としての「数学の構成・創造」
　　オ　「構成・創造」した「数学」の意味付け，価値付けとメタ認知

## 6 創造活動における組織と個人

「人間の潜在能力は，個人の潜在能力であると同時に，集団の潜在能力でもある。創造的思考は，単に個人からだけでなく，会社や研究所などの組織の中からも生まれてくる。」[17]（p.89）（恩田彰）

創造，創造的思考を考えていく場合，こうした組織と個人の関連に留意して

いく必要があります。恩田は，ホワイト（Whyte, W.H.）の所説を参考にして，次のように組織が個人にもたらすプラス点とマイナス点を述べています。(17)
（pp.99～103）
「組織が個人にもたらすプラス点」
　① 個人は，組織の中で生きる根拠を得る。
　② 個人の活動は，組織的活動によって拡大し向上する。
　③ 各個人は，組織の中で刺激し合い，成長し合い，集団創造性を高める。
「組織が個人にもたらすマイナス点」
　① 組織は，個人の創造性を抑圧する。
　② 組織は，個人研究者を受け入れにくい。
　③ 組織の利益に結び付かないと，個人の創造活動を認めない。

　個を成員とした組織としての学習集団における学習活動を通して「数学の構成・創造」を行っていく場合，組織のマイナス面をできるだけ少なくし，プラス面を生かしていくためには，次のような望ましい規範の形成が求められます。これも［要件B］としておきたいことです。
④ 「組織と個人」の関係においてよりよい学習活動が行われるために，次のような集団としての規範を形成していく。
　　a. 互いに刺激し合い，成長し合い，集団としての創造性を高めていく。
　　b. 個を大切にするとともに，異端，奇抜を受け入れ，生かそうとする。

　以上，創造性理論に基づいて「構成・創造」という観点から，数学構成力・創造力及びその育成をめざした授業構成のあり方や要件を考察してきました。
　そこからは，［要件A］を含めて，「子どもの『問い』を軸とした算数学習」の基本的理念や授業・学習の構成が，創造性研究における知見と方向を同じくし，多くの点で同質的であることを確認することができました。また，「創造・創造性」という観点から，「数学構成力・創造力」育成のための授業構成に加えたい［要件B］もいくつか得ることができました。

### 3　授業の構造と授業展開の基本的パターン
　さて，最後に考えなければならないことは，では，前述の［要件A］，［要件B］を満たすような授業を実現するにはどうすればよいかということです。そうした授業を具体的にどう構成し，どう展開していけばよいかということです。

それはまた，第3節で述べた「算数授業のフレームワーク」を基本に据えつつ，その後の考察で得られた知見を生かすことにより，改めて「子どもの『問い』を軸とした算数学習」がめざす授業のあり方を，その中核となる「構成・創造」をめざす授業のあり方を具体的・実際的に考えることでもあります。

　以下，そのための構成と展開の基本的なパターンと留意事項を記して，本章を終えることにいたします。

　なお，右欄の「要件」には，前掲の［要件A］，［要件B］のうち，そこでの授業展開・学習活動と特に関係の深い「要件」の記号を記してあります。

| | 授業展開（教師） | 学習活動（子ども） | 要件 |
|---|---|---|---|
| 問題発見 | 　「数学の構成・創造」をめざした授業の始点は「問題発見」にあります。この単元では，「何」を構成・創造しようとするのか，その「何」にかかわってどんな問題点があるのかといったことを明らかにしていくことです。<br>　その際，留意したいことは，次のような事項です。<br>　1．「数学の構成・創造」の意識化を図るため，子どもたち自身が「問題発見」の主体になること<br>　2．すべての子どもが，自己規制することなく，思いつくまま自らの「問い」を表出する機会が与えられること<br>　3．子どもたちが「問い」を持つための契機となる何らかの数学的情報が提示されること<br>①子どもたちが「問い」を持つための数学的情報を提示する。<br>　そのための方法としては，次のような内容や形態が考えられる。<br>・一つの導入課題を提示し，それについて考えさせる。<br>・関連する既習内容を想起させたり，整理させたりし，そこでの問題点について考えさせる。<br>・題材の全体像やその題材の中にある中心的な概念について簡単に説明する。<br>・教科書やその題材にかかわる文献を読ませる。<br>②「問い」の共有化を図る。<br>　「問い」の一覧を印刷し，全員に配布することが望ましい。 | ①一人ひとりが自己規制をせず自由に「問い」を持ち，それを記述表現する。<br>　提示された数学的情報を基に，次のようなことについて「問い」を持つ。<br>・創り上げたり，発見したいこと<br>・わからないこと，理解できないこと<br>・一応は理解できるが，いまひとつ納得がいかないこと，疑問が残っていること<br>・なぜかわからないが，面白いと感じること，不思議に思うこと<br>・基本的なことはわかったが，もっと深く追究してみたいと思うこと<br>②他の人たちの「問い」を知る。<br>　「問い」の意味が不明確な場合は，その意図を確認し合う。 | A①<br>A③<br>A⑦<br><br><br><br><br><br><br><br><br><br><br><br>A② |

| | | | |
|---|---|---|---|
| 課題設定 | 「問い」を持つということは，拡散的思考に基づく行為であり，出される「問い」は，その視点，内容とも様々です。
　そこで，子どもたちの「問い」を整理し，「数学の構成・創造」及びそれとかかわる内容の「問い」を抽出して学習課題を設定する必要があります。
　なお，その場合，次のような観点に立って考えさせることによって，可能な程度で，子どもたちにも「学習課題」の設定に参加させるようにします。
1．この単元で，創り上げたり，発見したりすること，及び，それらと深くかかわりそうな内容の「問い」であるか。
2．今の自分たちの学力でも，なんとか取り組んでいけそうな「問い」であるか。
　こうした判断は，子どもたちにとっては決して容易なことではありません。教師による適切な支援，誘導が必要とされることではありますが，子どもたちの「問題」に対する感受性，数学的感性を高めていくために繰り返し働きかけていきたいことです。
　その際，関連するその他の「問い」を設定した学習課題と関係付けてあげるようにします。
　また，素朴で直観的な「問い」の中には，先の単元や学年，他領域で扱う内容，さらには高度な数学的知識や方法を必要とする内容が含まれていることがあります。それらは，教室に掲示するなどして，学級としての「今後の課題」として残しておくようにするとよいでしょう。 | | |
| | ①子どもたちの「問い」をもとに学習課題を設定する。
　同じような「問い」をまとめさせ，「数学の構成・創造」に関する「問い」を中心にして，関連する「問い」をそれぞれ学習課題としていく。その際，取り組んでいく課題の順序性を考えさせ，おおまかな学習計画を教師とともに立てさせてもよい。
　なお，問題発見の段階で出された「問い」がそのまま「学習課題」になる場合もあり，その場合は，「問題発見」が同時に「課題設定」になる。 | ①「問い」のまとめや学習課題化する「問い」の選択，取り組んでいく学習課題の順序付け等に参画する。 | A② |

| | | | |
|---|---|---|---|
| 課題設定 | ②「数学の構成・創造」に関する学習課題は、その方向や意図が明確に意識できるように表現する。<br>次のような表現が望ましい。<br>・「○○をみんなで創り上げよう」<br>・「○○を発見し、みんなで規則としてまとめよう」<br>なお、課題によっては、既習事項に同化できないのはなぜか、どこにどのような障壁があるのかを考えさせ、意識化させる機会を設けたい。 | ②学級の文化財としての数学を協働して「構成・創造」していくのだという意識を持ち、確認し合う。 | A⑫<br>A④ |
| 自力解決 | 学習の方向が学級としての「作品(文化財)づくり」であるとしても、その基底にあるものは子ども一人ひとりのアイディアであり、方法であり、表現です。協働追究に入る前に自分の考えを持つことは必須事項です。その大切さを子どもたちと確認し合っておきます。<br>なお、その際、たとえそれが不備なものであっても、誤りを含むものであっても臆する必要はないこと、それらもまた、全体での検討の中で関係付けられ、生かされていく貴重な考えであることを伝えていくようにします。 | | |
| | 各自、自分なりの考えや方法によって課題に取り組むことを指示する。<br>　課題の意図をしっかりととらえ、あらかじめ追究の方法や手順を考えた上で取りかかるように促す。<br>　また、課題追究に当たって、使えそうな既有のToolを想起し、選択し、それらの活用を促す。<br>　なお、必要に応じて教科書や文献を参照させる。<br>　場合によっては、「あたため」、「ひらめき」の機会を設けてもよい。 | 各自で追究課題に取り組む。<br>　その際、まず、課題の意図を確認した上で、結果を予想したり、追究の方法や手順を考えたりするようにする。<br><br>使えそうな既有のToolを想起し、選択し、それらを活用する。<br><br>教師の指示に従い、必要に応じて教科書や文献を参照する。<br><br>機会が与えられた時は、継続的に課題を考え続けてみる。 | B③<br>A⑧<br><br>A⑩<br>B③<br><br>A⑥<br><br>B① |

| | | | |
|---|---|---|---|
| 小集団での提案・検討 | 自力解決から全体での提案・検討の間に，次のような「小集団（グループ）での提案・検討」を入れることが望ましいと思います。個としての表現が容易で，互いに刺激し合い，他を受け入れ合い，生かし合うという協働追究のよさを最も機能させることができるのは小集団においてであるからです。 | | |
| | 小集団で，各自の考え・アイディア，方法等を提案し合い，考え合うよう指示する。<br>　考えの論拠，用いたToolを明示すること，自由な話し合いのもとで他の人の考えやアイディアを受け入れ，生かし合うこと，いろいろな考えを関連付け・結合することを促す。<br>　また，「美的である，論理的である，本質的である，一般性がある」といった視点で数学を創り上げていくような検討を促す。 | 小集団で，各自の考えやアイディア等を提案し合い，考え合う。<br>　それぞれの考えの「よさ」を生かし，それらを結び合わせて，小集団としての考えをまとめる。話し合いの中で新たに思い付くことがあったら，それも提案し，考えの中に組み入れていくようにする。<br>　その際，もっと美しく，理由をはっきり，数学としての「よさ」に目を向け，もっと広く使えるようにしようといった視点で検討し合うようにする。 | A⑤<br>A⑧<br><br>B④<br><br>B② |
| 全体での構成・創造 | ①各小集団から検討内容を発表させ，学級全体で検討させる。<br>　「数学の構成・創造」の観点に立って発表内容を比較させ，関連付けさせる。<br>②検討結果を法則・性質，公式・一般的なアルゴリズム等としてまとめさせる。<br>　ここでも，「美的である，論理的である，本質的である，一般性がある」という視点でまとめ，表現するよう促す。<br>　また，新たにどのようなToolを創出，強化・深化したかを確認させる。 | ①各小集団の検討内容を発表し，検討する。<br>　「数学の構成・創造」の観点に立って発表内容を比較し，関連付ける。<br>②学級全体の「作品」として，法則・性質，公式・一般的アルゴリズム等を創り上げる。<br>　自分たちの「作品」として，それらに独自の名称を付けるといった遊びがあってもよい。 | A②<br><br><br>A④<br><br><br>A⑪ |

| | | | |
|---|---|---|---|
| 検証と練習・定着及び新たな問題発見 | ①新たな「作品」と既習事項との関連を確認させるとともに，「作品」の価値を賞味させる。<br>「作品」づくりに使われた既習事項を振り返らせるとともに，それによって自分たちの「数学の世界」がどう広がり，深まったのかを考えさせる。 | ①自分たちが何をもとにして，何をなし得たのかを振り返るとともに，「作品」の「よさ」を感じ合う。 | A④<br>A⑨ |
| | ②新たな法則・性質，公式・一般的なアルゴリズム等に関して，それらを適用して問題を解かせたり，それらが適用できる問題作りをさせるなどして，その定着を図る。 | ②新たな法則・性質，公式・一般的なアルゴリズム等に関する練習問題を解き，それらの理解を確実にし，技能を定着させる。 | |
| | ③単元を通しての学習内容，新たに構成・創造した数学等を基に各自に新たな「問い」を発見させる。<br>「何かを学んだ」ということは新たな「問い」が見えてくることであるという学習観の大切さを伝えたい。 | ③単元で学んだことから，新たな「問い」を持つ。 | A③ |

　次の［図5］は，上述のような授業展開における授業構成の全容とその構造を図示したものです。

第1章 子どもの「問い」を軸とした算数学習の創造に向けて

```
┌─────────────────────────────────────┐
│ 「状況的学習」を志向した算数学習における     │
│ 数学構成力・創造力育成のための授業構成      │
└─────────────────────────────────────┘
```

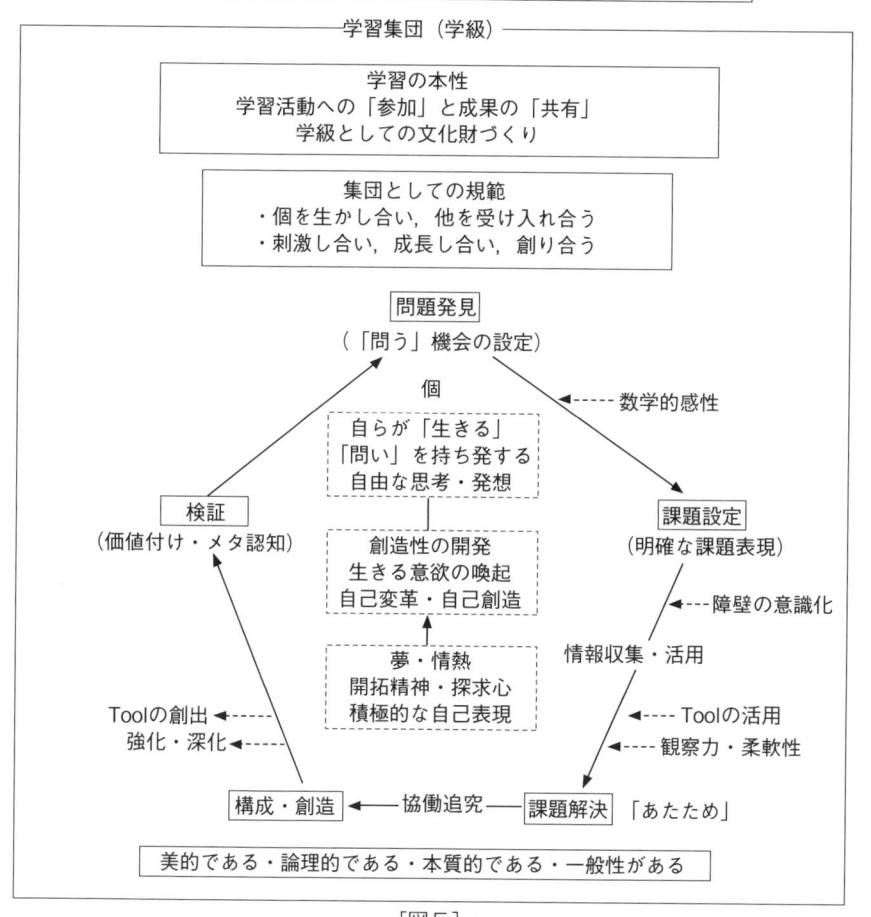

学習集団（学級）

学習の本性
学習活動への「参加」と成果の「共有」
学級としての文化財づくり

集団としての規範
・個を生かし合い，他を受け入れ合う
・刺激し合い，成長し合い，創り合う

問題発見
（「問う」機会の設定）

個

自らが「生きる」
「問い」を持ち発する
自由な思考・発想

創造性の開発
生きる意欲の喚起
自己変革・自己創造

夢・情熱
開拓精神・探求心
積極的な自己表現

検証
（価値付け・メタ認知）

課題設定
（明確な課題表現）

←----- 数学的感性

←---- 障壁の意識化

情報収集・活用

←---- Toolの活用
←---- 観察力・柔軟性

Toolの創出
強化・深化

構成・創造 ←― 協働追究 ― 課題解決 「あたため」

美的である・論理的である・本質的である・一般性がある

[図5]

## おわりに

　私は，本章の最後に，「文章と図」によって「子どもの『問い』を軸とした算数学習」において中核となる授業展開の基本的なパターンを具体的に提示しました。それは，食文化・食生活の世界に置き換えて言えば，風味豊かな料理づくりのために，それなりの役割を果たしてくれるであろう一つの「レシピ」を示して終えたということです。

　勿論，それは単なる料理の「処方箋」としてのレシピではありません。栄養価や食材のバランスへの配慮，「切る，煮る，焼く，揚げる」等々の調理技術の解説をしていますが，優れた本物のレシピがそうであるように，この「レシピ」もまた，食文化についてのそれなりの思想と味覚や美しさについての専門的な知見の裏付けのもとに作られたものです。

　私が，章の最後でこうした「レシピ」を提供したのは，理論的な考察をして，それを教育現場に「丸投げ」するだけではいけないと考えているからです。理論は，教育現場で使われて「なんぼ」であり，実践によって検証され，その結果を踏まえて再構築していくべきものであると考えているからです。

　換言すれば，最後に「授業展開の基本的なパターン」を提示することによって，それが，そうしたサイクルの一つの始点となり，理論的な考察から得られた知見と現場の授業実践との「橋渡し」の役を果たすものになっていって欲しいと願ったからです。

　しかし，「橋渡し」は，あくまで「橋渡し」です。私が提起した「橋のこちら側」のことを，橋の「向こう側」で，どう解釈し，どう使うかは自由です。というより，その自由さこそが大切です。料理にたとえて言えば，私の食文化観そして味覚や美意識に共鳴できるところがあるならば，それを基にしながら，「煮る」ところを「焼く」にしてもいいでしょうし，盛り付けを変えてみることもいいでしょう。その方に求めたいことは，いろいろ試行錯誤しながら，自前の料理，自分の味覚にあった料理をつくっていって欲しいということです。

　幸い，私の周りに，そうしたチャレンジャーが何人も集まってくれました。その一人ひとりが，私からはみ出し，私の「レシピ」を超えた料理を作っていってくれています。自ら「問い続けつつ」，終わりのない個性的で独自の授業実践を試みてくれています。

（岡本　光司）

## 引用・参考文献

（1） O.F. ボルノー　森田孝／大塚恵一訳編『問いへの教育』川島書房　1988 p.181
（2） Lave, J. and Wenger, E. Situated Learning Legitimate Peripheral Participation, Cambridge University Press 1991
　　（佐伯胖訳『状況に埋め込まれた学習　正統的周辺参加』産業図書　1993）
（3） 岡本光司「「状況的学習」論に基づく数学学習のパラダイムと数学授業のフレームワーク」　日本数学教育学会『第31回数学教育論文発表会論文集』1998
（4） 岡本光司・静岡大学教育学部附属中学校数学科共著『生徒が「数学する」数学の授業－私も論文を書いた－』明治図書　1998
（5） 広岡亮蔵『基礎学力』金子書房　1953
（6） 藤岡信勝「わかる力」は学力か－学力論をめぐる態度主義批判－」『現代教育科学』明治図書　1975，8月号
（7） 勝田守一『学力とは何か（一）』勝田守一著作集4　国土社　1972
（8） 佐伯胖『学力と思考』第一法規　1982
（9） 佐伯胖『授業改革の原点　「学び」を問いつづけて』小学館 2003に収録
　　佐伯胖「「学力」をどう救うか」『教育展望』教育調査研究所1983，6月号
（10） 安彦忠彦「基礎学力の構造分析」『学力の形成と評価』教育学研究講座7　第一法規　1984
（11） 岡部恒治，戸瀬信之，西村和雄編『分数ができない大学生』東洋経済新報社　1999
（12） 和田秀樹，西村和雄，戸瀬信之『算数軽視が学力を崩壊させる』講談社　1999
（13） 静岡県「確かな学力」育成会議　座長－有馬朗人『提言　静岡の子どもに「確かな学力」を』2004
（14） 市川伸一「学力と人間力をどうとらえるか」市川伸一編『学力から人間力へ』教育出版 2003
（15） 倉内史郎『社会教育の理論』（教育学大全集7）第一法規　1983
（16） 森　昭『森昭著作集4　教育人間学（上）－人間生成としての教育－』黎明社1978 p.115
（17） 高橋誠編著『新編　創造力事典』日科技連　2002
（18） 中戸義禮著『創造性を育てる学習法』大学教育出版　2001
（19） ジャック・アダマール著　伏見康治他訳『数学における発明の心理』みすず書房 1990
（20） S. アリエティ著　加藤正明・清水博之共訳『原初からの統合　創造力』新曜社1980
　　ARIETI, S. Creativity：the magic synthesis. NYC Basic Books, 1976

# 第2章

# 算数学習における子どもの「問い」

## はじめに

　私たちは，算数に関わる「問い」を持ち，「問い」についての考えを持つことによって，数学の扉をたたくことができます。その「問い」が一見すると素朴なものであっても，「問う」ことを始めた時点で私たちは数学の扉を既にたたいています。

　私たちが「問い」についての思考を深めるためには，「問い」を意識し，自分の言葉で「問い」やこれに対する自分の考えを表現することが必要です。さらに，「問い」についての私自身の考えを深めるとともに，私たちは「問い」を他者に伝え，他者と一緒に「問い」について考え，議論を重ねていきます。この過程は，思考のよりどころが私個人の有する経験や感性に基づくものから，私以外の他者においても一般化や普遍化が可能なものに徐々に変わっていくこと，と言えます。

　さらに，私たちは算数に関わる「問い」に対し，私たちなりに判断し，その判断に基づく行動を起こします。また，これら一連の行為を振り返りながら，最初に抱いた「問い」を変容させた「新たな問い」を抱きます。「新たな問い」は，最初に抱いた「問い」に対して私たちが考え，解決した後に疑問点がさらに明らかになったものであったり，最初に抱いた「問い」の核心に迫るものであったり，様々な場合があります。例えば，浜松市立村櫛小学校の3年生の子どもが掲げた「問い」に次のものがあります。

　最初に抱いた問い：4けたの筆算はあるのかな？

　新たな問い：たし算とひき算とわり算はどんな関係なのかな？

　これらの「問い」は，3位数の加法や減法の計算の意味と計算，その筆算の仕方を学ぶ単元の前後に現れた「問い」です。2年生までに学んだ2位数の加法や減法の意味，筆算による計算の仕方を振り返りながら，単元の導入では3位数の加法について学びます。「4けたの筆算はあるのかな？」という問いからは，3位数の加法が，2位数の加法に基づいて創られていそうだということに子どもが気付き，さらに4位数だったらどうなるかなと類推する様子がうかがえます。3位数の加法の学習の導入段階で学んだことを基に，自ら算数の世界を広げよう，算数を創り出そうとする可能性を感じます。

　続いて，この子どもは，3位数の加法・減法の学習を経た後に「たし算とひ

き算とわり算はどんな関係なのかな？」という新たな問いを発しています。桁数が増えたときの加法の筆算の可能性から，複数の演算どうしの関係への洞察に視点が変わっています。この「新たな問い」は，問いを読む側に様々な解釈を生み出します。同数累加としてのかけ算の意味を思い出して，同数累減としてのわり算の意味を創ろうとしたのかな，逆演算の関係を考えようとしたのかな……などの推測が生まれます。子ども自身が，当初考えたことはもっと違うことかもしれません。「問い」という対象が同じであっても，その問いを読む側の関心や経験，思考の状況により，「問い」に対する多様な解釈が生まれます。このことが，豊かな算数学習の可能性を生みます。「問い」に対する私と他者との解釈の違い，時間をおくことで生まれる私自身の中での「問い」に対する解釈の違い，そうした解釈の多様さが次なる学習につながります。例えば，3年生でのわり算の学習を一通り終えた後に「たし算とひき算とわり算はどんな関係なのかな？」という問いについて考えると，3位数の加法・減法を学んだときとは違う解釈と思考をする私自身を実感することでしょう。

　算数や数学に関わる「問い」から始まり，問い続ける行為によって，私たちは当初やや遠い存在に感じていた数学の世界を身近に感じることができます。そして，「問い」から始まり，終わることなく問い続ける私たち自身の行為の繰り返しによって，私たち自らの中に数学を創り出すことができます。

## 第1節　「問い」の持つ数学的な価値と可能性
　　　　　－数学の眼から子どもの「問い」に迫る－

　ここでは，子どもの抱いた算数に関する「問い」の数学的な価値と可能性について，面積の学習場面で生まれた「問い」をきっかけに考えてみましょう。
　子どもたちは，日常生活での経験を通して，広さに関する感覚をある程度つかんでいます。例えば，「私の机は，算数の教科書よりも広い」や「私の小学校の校庭は，自宅の近くにある公園よりも広い」のように，二つのエリアの広さを比べ，その大小関係を判断できることです。また，「算数の教科書を何冊も並べていくと，私の机よりも広くすることができる」という体験や「新聞紙を開いて廊下に次々と並べていくと，私のクラスの廊下の部分を覆うことができそうだ」という見方は，基本となる単位図形で平面図形を敷き詰めることや，基本図形の広さを1と見たときに図形の広さを数値で表すことにつながります。

子どもたちは，様々な経験を通して，どちらが広いのかを感じたり，日常生活で用いる言葉で表現することを経験してきています。そして，「どちらが広いのかを感じる」から「どちらがどれだけ広いのかを，私一人だけで感じるのではなく，他者にもわかりやすく，正確に，簡潔に伝える」へと活動の質が変わることで徐々に面積の学習が深化していきます。

　現在，算数で面積の学習が始まるのは4年生からです。4年生では，面積を平面上の広がりのある量としてとらえます。量の持つ大切な性質は，大小比較が可能であるという点です。そこで，身近なものの広さについて，単位正方形の面積を基に，その広さを数値化して表すことが行われます。数値化することにより，簡潔に，正確に，一般的に広さを表し，容易に大小比較をすることが可能となります。さらに，正方形や長方形の面積を（たて）×（よこ）として求めることができるという面積公式を導く状態へと変容していきます。また，既に学んだ面積公式を基に，新たな図形の面積公式を導くという学習も次々と行います。正しいと認めたことがらを基に，筋道立てて推論を行う学習に当たります。この学習の中では，導き出したい新たな図形を変形し，既知の図形に置き換えるという等積変形の考えを生かして面積公式を導きます。

　青野秀典氏が，村櫛小学校の5年生を対象にして「面積ワールドへレッツゴー！」という授業をされています。11授業時間の中で，三角形，平行四辺形の面積公式を導くこと，導いた面積公式を使うこと，等積変形の考えを生かしながら既に正しいと認めた面積公式からひし形や台形などの面積公式を導くことなどが行われています。その授業の流れの概略は，次の通りです。

[「面積ワールドへレッツゴー！」の授業の概略]

| 単元の導入：長方形と面積が等しくなる平行四辺形や三角形を探す活動を通して，「問い」を生み出し，学習計画を立てる |
|---|

↓　はじめの「問い」

| 単元の導入で生み出した「問い」に基づいて，子どもがそれぞれ解決したい図形を選び，コースごとの学習を行う　　（2時間目〜9時間目）<br>・平行四辺形に関する「問い」から解決するコース<br>・三角形に関する「問い」から解決するコース |
|---|

第2章 算数学習における子どもの「問い」

↓

> 平行四辺形と三角形の面積についての学習をまとめ，振り返りながらひし形
> や台形，身の回りにある多角形の面積を求めることに挑戦したり，既に導い
> た面積公式を確実に使えたりするようにする　　（10時間目～11時間目）

### おわりの「問い」

　単元の導入場面で，子どもたちは平行四辺形や三角形の色紙を切り，分解と構成の活動を通して「平行四辺形や三角形を長方形に変身させることができそうだ」ということに気付きます。「うわあ，平行四辺形が長方形に変わっちゃったよ」や「本当にできるかな」などの声が飛び交う，活気あふれる授業の空間です。色紙をはさみで切って，動かして，新たな図形をつくるという活動を振り返りながら，子どもたちは様々な「問い」を生み出します。例えば，次のようなはじめの「問い」（単元の最初に生まれた「問い」）が出ています。

　ア　切る以外に，面積の求め方はあるのかな？
　イ　長方形と面積が等しいかを，見ただけでわかる方法はないのかな？
　ウ　平行四辺形や三角形だけでなくひし形や台形でも長方形になるのかな？
　エ　三角形や四角形の面積を正確に求めるのは，どうしたらいいのかな？
　オ　平行四辺形や台形，ひし形の面積を求めるとき，前の学習と同じようにするのかな？

ア～オは5名の子どもたちのはじめの「問い」ですが，実に発想が豊かです。
　例えば，「切る以外に，面積の求め方はあるのかな」という問いを読むと，次のような連想をすることができます。

・切らないで，面積を求める方法があるのかな。平行四辺形や三角形を1cm四方のマス目（正方形）で区切って，その目の数を数える方法かな。でも，傾いているところはうまく数えるのは大変だぞ。

・切らないで，面積を求める方法があるのかな。平行四辺形や三角形での，隣り合う2辺の長さを測って，それぞれかけあわせればいいのかな。でも，本当にかけちゃっていいのかな。平行四辺形や三角形にも，線分の長さを代入すれば面積が求められる公式って本当にあるのかな。

・そう考えると，平行四辺形や三角形を切って長方形に変形させるってことは，実は大切なことなのかもしれない。切って，並べ替えて，長方形に変えるってどんなことなんだろうかな。はさみで切った線分の長さと，並び

替えてできた線分（底辺）の長さが，長方形のたて，よこになっているという「あたりまえ」に思えたことが実は大事なのかな。

「切らない」ことを意識することによって，「切る」ことのすごさ，平行四辺形や三角形の面積公式を既知から導く鍵を得ることができます。「切る以外に，面積の求め方はあるのかな」を挙げた子ども本人は，こうした連想をしていないのかもしれません。もしかしたら，素朴なレベルかもしれませんし，逆にもっと数学的に掘り下げた発想をしたのかもしれません。例えば，平行四辺形の底辺を固定して，連続的に変化させた図を想定し，その特殊として生まれる長方形との比較から平行四辺形の面積をとらえようとしたかもしれません。その真意は，この「問い」を生み出した子に，生み出した直後に尋ねなければわかりません。大切なのは，その真意を問いただすことではありません。

「切る以外に，面積の求め方はあるのかな」という問いがあることによって，これを読んだ者が豊かな発想や推論ができること，さらに他者と意見を交わすことによって面積についてのさらなる豊かな発想や推論につながっていくことが大事なのです。一方，この「問い」を生み出した子にとっても，時間が経つにつれて，「問い」に対する私自身の解釈が変わってきます。学習が進めば進むほど，初期段階で掲げた私自身の「問い」の持つ数学的な豊かさに，驚くかもしれません。

また，「平行四辺形や台形，ひし形の面積を求めるとき，前の学習と同じようにするのかな？」の問いのように，教師側がこの単元の学習指導のねらいの一つとして挙げていたことを，単元の導入の段階で見事についている子もいます。「前の学習と同じようにするのかな？」という言葉には，算数学習を連続的，有機的なつながりを持ったものにしたいという願いや勢いを感じます。

子どもたちの掲げた「問い」は，発想の原点です。また，数学的な思考を始めるきっかけであったり，思考の深化を促す役割も果たしています。さらに，算数から数学を拓く可能性に満ちあふれています。

一方，その可能性は，単元の最後に子どもたちが発したおわりの「問い」において一層高まります。次の一覧表は，青野氏による小学5年面積の授業を通しての，はじめの「問い」とおわりの「問い」の一覧です。21名の子どもたちの「問い」が出ています。なお，「問い」の変容がわかるように，同じ子どもの2種類の問いを矢印でつないでいます。

## 平成15年度　小5「平行四辺形や三角形の面積」に関する青野実践で生み出された「はてな」一覧

　　　　　　　〈はじめの「問い」〉　　→　　〈おわりの「問い」〉

1番：切ったりくっつけたりしなくても図形の面積を求める方法はあるのかな？　→　1番：ひし形の面積は，対角線を使う以外にどんな方法で求めることができるのかな？

2番：切ったり折ったりする以外に面積を求める方法はあるのかな？　→　2番：形がちがっても，同じ面積になる三角形や四角形はあるのかな？

3番：長方形と面積が等しいかを，見ただけでわかる方法はないのかな？　→　3番：五角形や六角形の面積を求める公式もあるのかな？

4番：台形やひし形の面積は，どのようにして求めるのかな？　→　4番：円の面積は，どのようにして求めるのかな？

5番：平行四辺形や三角形の面積はどのようにして求めるのかな？　→　5番：台形も，三角形と同じように高さが2倍，3倍，…になると，面積も2倍，3倍，…になるのかな？

6番：平行四辺形や台形，ひし形の面積を求めるとき，前の学習と同じようにするのかな？　→　6番：高さがほとんどない，平べったい平行四辺形も，底辺×高さで面積を求めることができるのかな？

7番：切る以外に，面積の求め方はあるのかな？　→　7番：四角形の辺の名前が，図形ごとにちがうのはなぜなのかな？

8番：平行四辺形や三角形の面積はどうやって求めるのかな？　→　8番：円にも面積があるのかな？

9番：平行四辺形や三角形の面積の求め方は，切る以外にもあるのかな？　→　9番：辺の長さや高さがわからない図形の面積は，どうやって求めるのかな？

10番：ひし形や台形の面積はどうやって求めるのかな？　→　10番：三角形の面積は，切る，二つくっつけて平行四辺形にする，公式以外に求める方法があるのかな？

| 〈はじめの「問い」〉 | → | 〈おわりの「問い」〉 |

11番：面積が等しい・等しくないだけでなく，その図形の面積を求めるにはどうしたらいいのかな？ → 11番：五角形や六角形の面積を求める公式はあるのかな？

12番：ひし形や台形の面積は，どうやって求めるのかな？ → 12番：ひし形の対角線の長さや台形の高さが2倍になれば，三角形や平行四辺形のように，面積は2倍になるのかな？

13番：平行四辺形や三角形以外の図形は，どのように面積を求めるのかな？ → 13番：三角形にも対角線があるのかな？

14番：カやキの三角形は，どのようにしても長方形にならないのかな？ → 14番：ひし形の面積を求める式は，ほかにもあるのかな？

15番：平行四辺形や三角形以外に，長方形と同じ面積の図形はないのかな？ → 15番：図形の面積を求める公式は，ほかにもあるのかな？

16番：三角形や四角形の面積を正確に求めるのには，どうしたらいいのかな？ → 16番：四角形によって辺の長さがちがうのはどうしてなのかな？

17番：面積を比べるには，切る方法以外にやり方はあるのか？ → 17番：ただの四角形の面積を求めるには，どうしたらいいのだろう。

18番：平行四辺形や三角形だけでなく，ひし形や台形でも長方形になるのかな？ → 18番：ひし形以外にも，対角線の長さを使って面積を求めることができる図形はあるのかな？

19番：平行四辺形以外の四角形も，面積を求めることができるのかな？ → 19番：ほかにも面積を求める公式があるのかな？

20番：三角形の面積は，どのようにして求めるのかな？ → 20番：ひし形の面積は，対角線×対角線÷2以外に求める式はあるの

21番：平行四辺形を長方形にするの　→　21番：生活のどんなところに，ひし形
　　　に，いろいろな切り方がある　　　　　　は使われているのかな？
　　　のかな？

　21名の子どもたちのおわりの「問い」を読むと，同じ教室の中でともに学び合った仲間でありながら学んだことがらに対して様々な課題意識と認識を持ったことに気付きます。また，はじめの「問い」とおわりの「問い」を比べると，面積の学習についての深化が実感できます。例えば，7番の子どもは，「四角形の辺の名前が，図形ごとに違うのはなぜなのかな？」というおわりの「問い」を挙げています。長方形の場合には「よこ，たて」と辺を呼んでいたのに，なぜ平行四辺形や三角形では「底辺，高さ」と呼ぶようになったのだろうか，「底辺，高さ」と呼ぶことによってどんなによいことがあるのだろうかという，7番の子の声が聞こえてきそうです。「よこ，たて」から「底辺，高さ」への変容は，四角形や三角形の概念をとらえる上で大きな変容です。ここには，日常生活の中でも用いられることばから数学用語への変容がみられます。平行四辺形の「底辺，高さ」は，必ずしも隣り合う2辺ではありません。平行四辺形のある辺を底辺として定めたときに，底辺に平行な対辺との距離（平行線間の距離），すなわち垂線の長さを高さとしています。平行四辺形の「底辺，高さ」をとらえる際には，一方を決めて初めて他方が決まるものという関係概念としてのとらえが必要になります。

　長方形の面積を求めるために必要な「よこ，たて」は隣り合う2辺です。しかし，平行四辺形の面積を求めるために必要な「底辺，高さ」は必ずしも隣り合っていません。「底辺，高さ」が隣り合う2辺となる場合は，平行四辺形の特殊な場合，長方形のときです。平行四辺形の「底辺，高さ」を理解することによって，改めて長方形の「よこ，たて」の意味，隣り合う2辺の意味がわかってきます。また，多くの平行四辺形での「底辺，高さ」のように，隣り合わない場合を知ることによって，初めて隣り合う2辺の意味が見えてきます。これは，ことがらAをよりよく理解するために，ことがらnon Aを知ることに当たります。また，平行四辺形の隣り合う2辺の長さを$x$，$y$，その夾角を$\theta$とすれば，「底辺を$y$とすれば，これに対する高さは$x \sin \theta$である」となります。これは，隣り合う2辺とその夾角によって，高さが一意に決定されることを表

します。隣り合う2辺から、隣り合わない「底辺、高さ」が関連付けられます。小学5年の段階では、感覚的なレベルかもしれません。でも、平行四辺形の面積を求める際に、その高さを「たて」に持つ長方形に変形して長方形に帰着させる方法は「底辺を$y$とすれば、これに対する高さは$x \sin \theta$である」を直観的にとらえていることに他なりません。

18番の子は、次のような「問い」を述べています。

はじめの「問い」：平行四辺形や三角形だけでなく、ひし形や台形でも長方形に
　　　　　　　　　なるのかな？
おわりの「問い」：ひし形以外にも、対角線の長さを使って面積を求める図形は
　　　　　　　　　あるのかな？

例えば、右図のように、二つの対角線の長さが8、16であるひし形の面積は、次の数式で求めることができます。

　（ひし形の面積）＝ 1/2 × 8 × 16 ＝ 64

ひし形の二つの対角線を、仮に対角線1、対角線2と名付けることにしますと、このように計算できる理由は次のようになります。

　（対角線1の長さ）×｛（対角線2の長さ）÷ 2｝
　｛（対角線1の長さ）×（対角線2の長さ）｝÷ 2

いずれの場合も、対角線を一つの辺に持つ長方形に帰着させるという点では共通です。

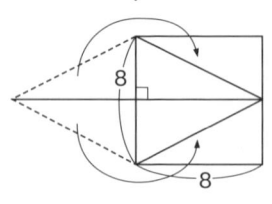

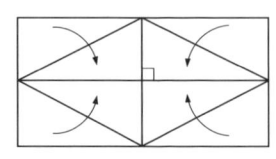

しかし、たてやよこ、底辺や高さに着目して、長方形や平行四辺形、台形の面積公式を導くことと比べると、ひし形の面積公式は少々異質に感じます。ところが、18番の子の終わりの「問い」について考えを深めると、ひし形の面積公式の持つ意義が見えてきます。ひし形以外にも、対角線の長さを使って面積を求める方法があるのです。むしろ、一般の四角形の面積を求める際には、その四角形の対角線に着目した方が求めやすいのです。

例えば、右のような一般の四角形ABCDの面積は次のように求めることができます。なお、四

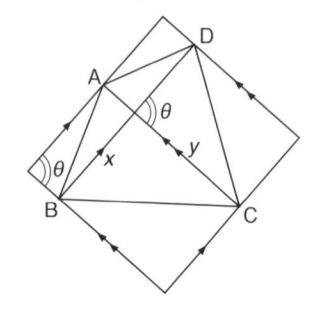

角形ABCDの二つの対角線の長さをそれぞれ$x$，$y$，二つの対角線の夾角を$\theta$とします。

　　（四角形ABCDの面積）＝ $1/2 \times xy\sin\theta$

この面積公式は，四角形ABCDに外接し，四角形ABCDの二つの対角線を隣り合う2辺，その夾角を$\theta$とする平行四辺形の面積の半分と等しいとも読むことができます。少々煩雑に見えますが，ひし形の面積公式を求める方法の一つ，｛（対角線1の長さ）×（対角線2の長さ）｝÷2を代表的な特殊と見れば「なるほど」と言えるのではないでしょうか。ひし形の場合には$\sin 90° = 1$となりますので，大変きれいな関係が浮かび上がってきます。「ひし形以外にも，対角線の長さを使って面積を求める図形はあるのかな」という18番の子のおわりの「問い」について考えを進めれば，対角線の長さに着目することの可能性が見えてくるのです。この推論は四角形に留まりません。多角形の面積を求めるときに，1点を共有する対角線によって区分された三角形の面積の総和を次々と求める方法もあります。

　ひし形の面積公式を手がかりに，対角線に着目して一般の四角形の面積公式を洞察することができます。また，一般の四角形の面積公式の理解を助け，ひし形の面積公式に新たな息吹や意味を与えることもできます。「なるほど，ひし形の面積公式って，実はすごいんだな」と感じた瞬間，私たちはひし形の面積公式に対する理解が深化しています。こうした学習の質的深化を促すきっかけとなり，原動力となるのは「ひし形以外にも，対角線の長さを使って面積を求める図形はあるのかな」に代表される「問い」に他なりません。また，18番の子の「問い」に関わる探究を振り返ると，17番の子どもの「ただの四角形の面積を求めるには，どうしたらいいのだろう？」の問いについても答えていることに気付きます。

　青野氏による単元「面積ワールドヘレッツゴー！」の学習で生まれた7番，18番の子どもたちの「問い」を手がかりに，その数学的な価値と可能性を述べてきました。「面積ワールドヘレッツゴー！」の学習を通して生まれた21人の子どもたちによる「問い」は，実に豊かです。例えば，目の前にいる子どもたちから，次のような「問い」を投げかけられたらどのように答えますか。

　6番「高さがほとんどない，平べったい平行四辺形も，底辺×高さで面積を
　　　求めることができるのかな？」

11番「五角形や六角形の面積を求める公式はあるのかな？」

　6番の子どもの問いを手がかりに，子どもたちと一緒に「高さがほとんどない平行四辺形」を実際に描きたくなります。また，11番の子どもの問いについて，他の子どもたちと一緒に試行錯誤をして，ともに公式づくりに迫りたくなります。前者については円の面積学習につながる無限概念と積分の考えの素地が，後者については三角形分割の価値を，活動を通して子どもたちと一緒に味わうことができそうです。

　子どもたちの「問い」は，数学的な深まりや広がりにつながる可能性に満ちあふれています。子どもたちの「問い」を起点にした学習活動を通して，改めて私たちは問い続けることのすごさ，算数を創り上げていくことの愉しさを実感します。子どもたちの「問い」をもとに，初心に帰り，ことがらの核心に迫るすごさを一層痛感しているのは，実は私たち教師なのかもしれません。

## 第2節　「問う」という行為と算数・数学を育み，実感する算数的活動
　　　　　－「問う」という行為そのものが大切な算数的活動である－

　『静岡県版カリキュラム算数・数学科（2005）』の中の，算数・数学科カリキュラムの趣旨の中に，「算数・数学の学習で大切にしたいこと」が次のように，いくつか挙げられています。(http://www.shizuoka-c.ed.jp/spc/su/index.htm)

[算数・数学の学習で大切にしたいこと]

・事象への深い関わりがもたらす算数・数学の世界を自らに創り出すこと。
・事象を算数・数学の面から分析したり，算数・数学で学んできたことを事象に適用する姿勢を高め，その実用的な価値を実感すること。
・判断のよりどころを経験的なものから，数学的なものへ徐々に移行すること。
・確かな論拠を基に数学的な命題を考察し，数学的認識を高めるなど，算数・数学そのものの追究や数学的知識の価値を実感すること。
・長い歴史をかけて発展してきた数学の流れを学びながら，先人の智恵を知ったり，その文化的な価値を実感したりすること。
・例えば，確かな論拠を基にして論理的に考察することは，個人の個性や特徴に依存しない協調的な態度や，目的に向かって協働的に作業を行う姿勢を育てる，といった人間形成につながる陶冶的な価値を実感すること。

算数・数学の学習では，算数から数学へ発展・深化していく過程に見られる数学そのものの価値や文化的な価値，日常生活への適用や応用などに代表される実用的な価値，人間形成につながる陶冶的な価値があると言われます。こうした価値を実感するためには，「算数・数学を育み，実感する算数的活動」が欠かせません。

　平成20年3月に告示された小学校学習指導要領では，算数の目標は次のように書かれています。(http://www.mext.go.jp/a_menu/shotou/new-cs/youryou/syo/san.htm)
「算数的活動を通して，数量や図形についての基礎的・基本的な知識及び技能を身に付け，日常の事象について見通しをもち筋道立てて考え，表現する能力を育てるとともに，算数的活動の楽しさや数理的な処理のよさに気付き，進んで生活や学習に活用しようとする態度を育てる。」

　「算数的活動を通して」という表現が文頭にきていることから，算数の学習が算数的活動を通して始まり，算数的活動を通して一層高められる印象を受けます。さらに，この目標に基づき，小学校学習指導要領では，各学年とも数と計算，量と測定，図形，数量関係という内容領域の明示とともに，算数的活動の例示が具体的になされています。例えば，6年生の算数的活動の項目では，次のア〜エの四つの活動が挙げられています。

　ア　分数についての計算の意味や計算の仕方を，言葉，数，式，図，数直線を用いて考え，説明する活動
　イ　身の回りで使われている量の単位を見付けたり，それがこれまでに学習した単位とどのような関係にあるかを調べたりする活動
　ウ　身の回りから，縮図や拡大図，対称な図形を見付ける活動
　エ　身の回りから，比例の関係にある二つの数量を見付けたり，比例の関係を用いて問題を解決したりする活動

　ここでは，新しい小学校学習指導要領で例示された算数的活動が，算数に関わる「問い」を持ち，「問う」ことを繰り返すことによって子どもたちにとって自然な形で行われるということについて考えてみましょう。本節で特に焦点を当てるのは，6年生の算数的活動として示された「計算の仕方を説明する活動」です。現在，6年生では，異分母分数のたし算やひき算，真分数どうしのかけ算やわり算の計算などを学びます。例えば，どのように分数どうしのかけ算を行ったらよいのかという事実を説明することや，どうしてそのように分数

どうしのかけ算を行ってよいのかという理由を説明することが,「計算の仕方を説明する活動」に当たります。

　ここでは,佐藤友紀晴氏が静岡市立賤機北小学校の6年生を対象にして行った単元「分数のかけ算・わり算」での子どもたちの学習活動に焦点を当ててみます。佐藤氏による単元「分数のかけ算・わり算」の授業は,全19授業時間が費やされます。本節で焦点を当てるのは,第16,17時間目に当たります。

　単元「分数のかけ算・わり算」の授業の概略は,次の通りです。

[単元「分数のかけ算・わり算」の授業の概略]

> 単元の導入:「分数のかけ算・わり算(1)」という算数教科書の単元をよく読み,大事だと思うところ,「はてな?」と思うことをノートに書き出す。出てきた「はてな?」を分類してみんなで学習の計画を立てる。　　　　　　　　　　　　　　（1時間目〜3時間目）

⬇

> 「分数のかけ算ではなぜ,分子にかけ算をするのか?」という問いを基点に,分数×整数の計算の仕方(事実と理由)を説明する。
> 「反対でもかけ算できるのか?」という問いを基点に,整数×分数の計算の仕方(事実と理由)を説明する。
> 「分数のわり算ではなぜ,分母にかけ算をするのか?」という問いを基点に,分数÷整数の計算の仕方(事実と理由)を説明する。
> 　さらに,学んだことがらの定着に向けた練習をする。
> 　　　　　　　　　　　　　　　　　　　　　　　　（4時間目〜11時間目）

⬇

> 「分数×整数以外のかけ算は,どうやって計算するのか?」や「分子が小数の計算はあるのか,できるのか?」という問いを基点に,分数どうしのかけ算の計算の仕方や分数と小数のかけ算の計算の仕方について考え,説明する。
> 　さらに,分数の計算について調べてみたい「問い」を生み出す。
> 　　　　　　　　　　　　　　　　　　　　　　　（12時間目〜17時間目）

⬇

> 「分数÷分数はどうやるのか?」という問いを基点に,分数÷分数の計算の仕方(事実と理由)を説明する。　　　　　　（18時間目〜19時間目）

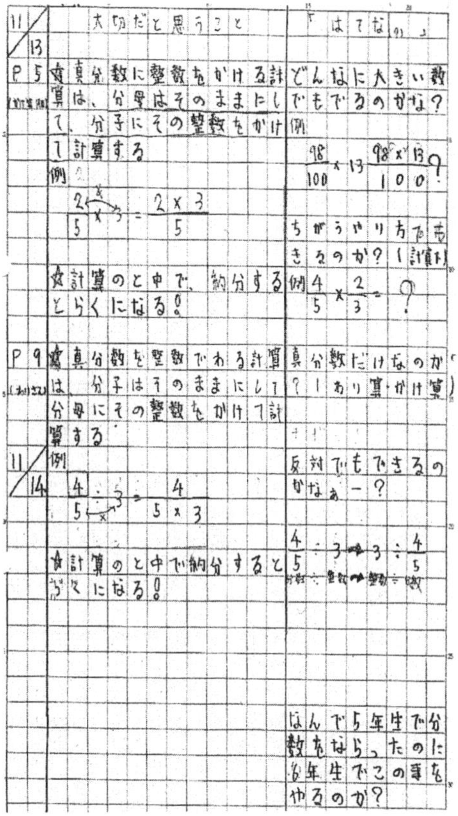

第2章 算数学習における子どもの「問い」

佐藤氏による単元「分数のかけ算・わり算」の授業を動かしていく原動力になっているのは，「問い」です。単元の導入では，算数教科書に書かれた「分数のかけ算・わり算」の内容をしっかりと読む，読んでわかったことと「はてな？」に感じたことをしっかりと文章でまとめることが行われています。

また，単元の導入で行った行為を，その後の授業でも生かし，わかったことと「問い」を授業の後半に常に意識付けるようにしています。

例えば，Aさんは図1のように，ノートの左側には日付と「大切だと思うこと」，ノートの右側に「はてな？」という欄を設け，わかったことと「問い」を並記しています。

実際，11/13には「☆真分数に整数をかける計算は，分母をそのままにして，分子にその整数をかけて計算する」という分数×整数の計算の仕方の説明（事実の説明）が書かれています。この指摘の右側に「どんなに大きい数でもできるのかな？」という一般性を問う「はてな？」が書かれています。分数×整数の計算の仕方に対して被乗数の分母・分子，乗数の整数を大きくして適用することに留まらず，分数×整数の計算の理由を改めて問い直すきっかけともなっています。「ああ，やっぱり大きな数でも同じように計算できるんだ」と見直すことによって，分数×整数の計算の仕方を説明する活動は，Aさんにとって真実感のあるものとなります。また，Aさんのノートの右下には「なんで5年生で分数をならったのに6年生でこの事をやるのか？」という問いもあ

[図1：Aさんのノートに見られる学習履歴]

81

ります。5年と6年での分数の学習の違いとともに，6年での分数の学習を通して，いかに5年の分数の学習がよりよくわかったかを問う鋭い問いです。

こうした「問い」の出現に，授業者は一瞬どきっとしたことでしょう。

一方，授業のねらいの本質をつく「問い」の出現に，手応えと喜びを感じて，愉しく授業をされた様子が目に浮かびます。

単元「分数のかけ算・わり算」の15時間目に，右のBさんの解答（図2）が現れます。これは，「分数×整数以外のかけ算は，どうやって計算するのか？」を基点にして生まれた，$2/5 \times 2/5$の計算の仕方を説明することから生じた解答です。Bさんは，図2のように，$2/5 \times 2/5$の計算を行うために，乗数を小数に変換しています。

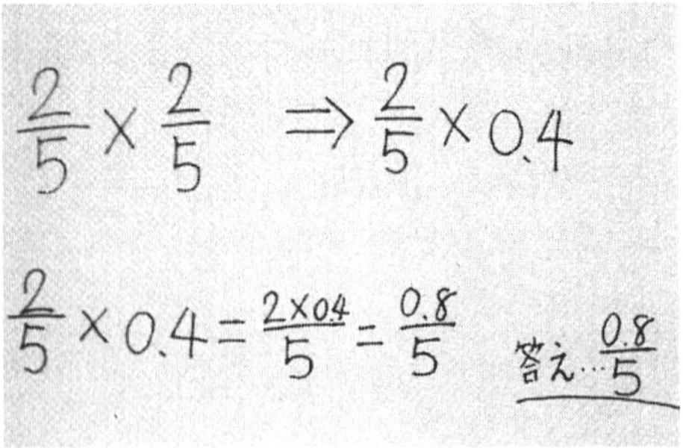

[図2：$2/5 \times 0.4 = 0.8/5$としたBさんの考え]

そして乗数である0.4を被乗数の分子にあげ，$2 \times 0.4$という計算を行っています。分数に整数をかける場合，例えば$2/5 \times 2 = (2 \times 2)/5$のように，被乗数の分子に整数をのせて計算してもよいことは，既に学級の中で合意されています。しかし，乗数が1よりも小さな小数に拡張されたときに，同じように計算できるのかどうかは，まだ確認されていません。また，Bさんの考えが生まれるときに学級全体で話し合われていたことは，$2/5 \times 2/5$の計算結果が$4/25$になるという事実とその理由です。この説明は，面積図などの図を効果的に活用しながらなされています。それゆえ，$2/5 \times 2/5 = 4/25$となることも，この時点で既に成り立つと認めたことがらに当たります。また，分数÷整数についての学習も既に行われています。

そこで，Bさんの解答を基に，授業では「分子が小数の計算はあるのか？」という問いが，学級全員の共通の「問い」になります。この「問い」に対して，子どもたちは「$0.8/5$が，$2/5 \times 2/5 = 4/25$と同じになること」を示すことで，答えようとします。例えば，Aさんは，5年生で学ぶ商分数（$a \div b = a/b$）の見方を生かして，図3のようにノートに記述します。なお，Aさんは図1と同

第2章 算数学習における子どもの「問い」

一の児童です。Aさんは，0.8/5を0.8÷5とみること，そして小数0.8を分数8/10に変換して，分数÷整数の形に置き換え，既に学級の中での話し合いを通して正しいと認めたことがらを使いながら，0.8/5と4/25が同じことを述べています。

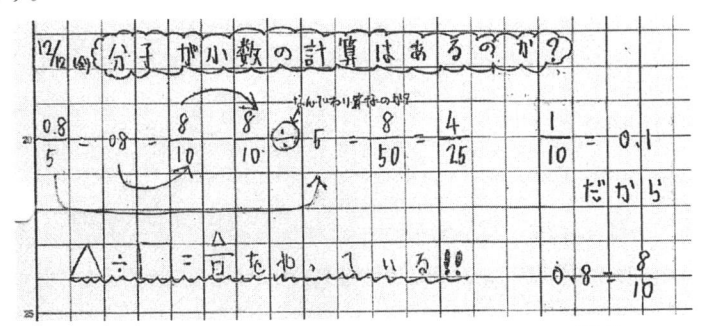

[図3：Aさんによる 0.8/5 ＝ 4/25 となることの説明]

また，Cさんは，0.8÷5＝0.16のように，小数値での商を求めてから分数に置き換えることを行っています。さらに，Cさんは，0.8/5の分母・分子をそれぞれ10倍して分母・分子を整数に直して約分することも行っています。

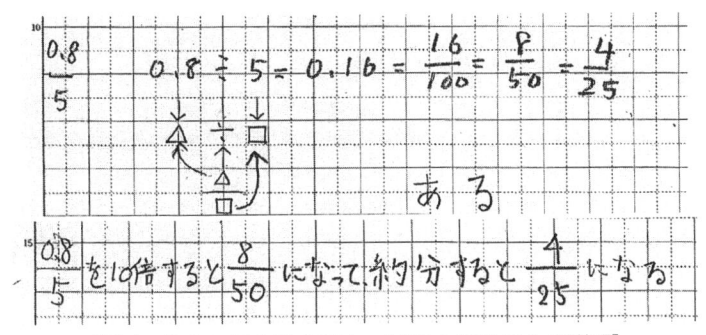

[図4：Cさんによる 0.8/5 ＝ 4/25 となることの説明]

AさんやCさんとは異なる説明の方法として，線分図や数直線などの図表現を活用して0.8/5＝4/25を示したものもありました。いずれの方法においても，乗数が1よりも小さな小数に拡張されたときにも分数×整数と同じように計算できる理由を一生懸命説明しようという姿勢が見られます。Bさんの解答の中に見られた分数×小数の計算の仕方の妥当性を学級全体で吟味し，その理由を

83

共有し合い，活用可能なものにしようという動きが見られます。
　この話し合いの後，次のことがらがまとめられます。

> 〈みんなでの話し合いで正しいとわかったこと〉
> 　つまり，分数×小数の計算でも次のように，分数×整数の場合と同じように計算することができたのです。
>
> $$\frac{2}{5} \times 0.4 = \frac{2 \times 0.4}{5}$$

　ここで，分数×整数の計算の仕方が，分数×小数の計算の仕方に拡張されました。「同じように計算することができた」というまとめの文章に見られるように，同じ計算の仕方をとるという形式不易の原理が生かされた形になっています。Bさんの解答をきっかけに生まれた問い「分子が小数の計算はあるのか？」を基に，計算の仕方（理由）を説明する活動が行われました。説明する活動の一つである学級内の話し合いでは，既に正しいと認めた知識や技能，数学的な考えを活用して，分数×小数の計算の仕方の妥当性が議論されました。その議論の中では，数式，○や□を用いた式，図表現など数学的な表現を使った自分の考えを正確に，一般的に，簡潔に表すことや，他者と伝え合うことが行われました。その結果，乗数が小数の場合においても計算の仕方を拡張することができるという，新たな数学的な概念を創り出すことができています。
　この授業の終わりに，Dさんは「Bさんが疑問に思った『分子が小数の計算はあるのか？』が心に残った。理由：分数のかけ算の答えをさがしていくうちに，また新しい疑問がうかびあがっていくのはすごいなと思いました。」という感想を記しています。当初みんなで考えていた「問い」に対するBさんの解答から，また新たな「問い」が生まれ，その新たな「問い」について考え，議論していたら……という問い続ける行為のすごさやおもしろさを述べています。
　算数を育み，実感する算数的活動は，「問い」に始まり，「問い」によってさらなる加速をしていきます。その動きは，「問う」という行為の繰り返しにより，終わることのない発展的な活動となります。それゆえ，算数を育み，算数を実感する算数的活動は，次のことばで語ることができる一連の活動と言えます。

「ゆらぎ，さまよい，気づき，生みだし，使い，実感する」，そして新たに
　「ゆらぎ，さまよい，気づき，生みだし，使い，実感する」，そして新たに
　　「ゆらぎ，さまよい，気づき，生みだし，使い，実感する」，……
　見方を変えれば，「問う」という行為そのものが，大切な算数的活動と言えますし，算数を子どもたち自らに創り出す活動とも言えます。
　このことは，私たちが，自らに数学を創り出してきた過程を振り返ってみれば「なるほど」と言えることです。私たちは，自らに数学を創り出すために，数学に関わる何らかの「問い」を育みます。その「問い」はおぼろげなものであるかもしれませんし，かなり焦点化されたものかもしれません。いずれにせよ，当初頭に浮かんだ「問い」についてあたためるということを行います。あたためる中には，「問い」をきっかけに自分自身がゆらいだり，さまよったりすることもあります。行きつ戻りつの繰り返しの中から，徐々に解決の糸口が見えてきます。閃光が走るが如く「問い」に対する答えがひらめく場合もあれば，解決に至る糸口やきっかけがひらめくという場合もあります。そして，「問い」についての解決に向けた検証を行います。そして，検証を行った結果を使い，実感の度合いを高めていくことで，「問い」をきっかけに得た数学的な概念や考えを自分のものにしていくことができます。ゆっくりとした歩みであっても「準備し，あたため，ひらめき，検証する」という一連の行動が，私たち自らの中に数学を創る上で行われます。私たち自らの中に数学を創る活動の中で一貫している行為は，「問う」という行為です。

## 第3節　「問い」に価値を置き，「問う」姿勢を高める教師と教師集団のよさ
### －私たち自身の教育実践や校内研修を内省する姿勢を高める－

　ここでは，「問い」に価値を置き「問う」姿勢を高める教師と教師集団のよさについて，村櫛小学校での学校研究や校内研修の系譜や同校の先生方の姿勢を基に考えてみましょう。
　現在，村櫛小学校は「躍動する算数学習　－「学力」の確かな習得と定着を目指して－」という研究テーマについて，授業実践に基づく具体的な研究を進めています。この研究の根底にあるのは，平成14年度より始まった「躍動する算数学習　－共につくり上げる学習活動－」です。

右の図5は、14年度の村櫛小学校の研究構想図です。この研究構想図は、本書第1章のp.18〜22にある岡本が提唱する「算数授業のフレームワーク」に基づいてつくられています。

　実際、中央部の「共につくり上げる学習活動」という柱を支える二つの手だてとして、「単元構想の工夫」と「学習展開の工夫」とが、図式の左右にあります。岡本の提唱する算数授業のフレームワークに掲げられたキーワードは、次のように図式中に見られます。

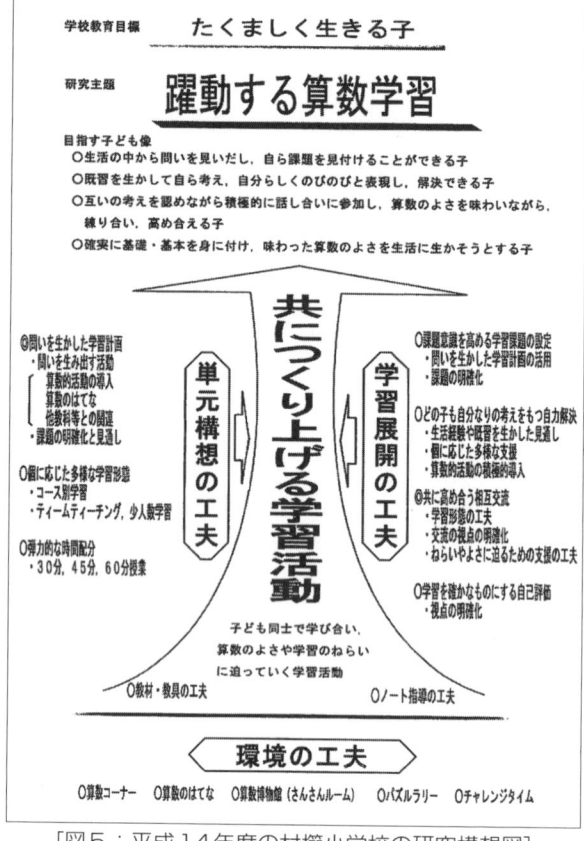

［図5：平成14年度の村櫛小学校の研究構想図］

〈単元構想の工夫〉
◎問いを生かした学習計画
・問いを生み出す活動
　　算数的活動の導入
　　算数のはてな
　　他教科との関連
・課題の明確化と見直し

〈学習展開の工夫〉
○課題意識を高める学習課題の設定
・問いを生かした学習計画の活用
・課題の明確化

　また、14年度の村櫛小学校の研究紀要には、「問い」を生かした学習計画づ

くりの目安として，低学年，中学年，高学年ごとの達成目標が見られます。この学習上の達成目標は，岡本の考えと村櫛小学校での算数授業の実践との融合から生み出された指標と言えるものです。

　　　　〈「問い」を生かした学習計画づくりの目安〉
・自分がやってみたいことや不思議に思ったこと，知りたいことを見つけることができる。　　（低学年）
・みんなのやってみたいことや不思議に思ったこと，知りたいことを仲間分けする。　　　　　（中学年）
・みんなの学習したいことを仲間分けしたものを基に，順序を決めて学習の計画を立てる。　　（高学年）

　平成9年度から13年度までの村櫛小学校の研究テーマは，「生活に生きる算数教育のあり方」でした。それゆえ，14年度からは学校研究として大きく舵を切ったことが推測できます。ここで注意しなければならないことは，13年度までの実践研究を生かしながら，これを超越する形で研究構想図がつくられていることです。例えば，図5の上側に書かれた，「目指す子ども像」の筆頭には「生活の中から問いを見いだし，自ら課題を見付けることができる子」があります。13年度までの研究で焦点が当てられていた「生活に生きる」という視点を踏襲していることがわかります。

　村櫛小学校の研究「躍動する算数学習　－共につくり上げる学習活動を－」は，14年度から3年間続きました。研究構想図は徐々に改変がなされていきます。その後，17年度より「躍動する算数学習　－「学力」の確かな習得と定着を目指して－」という研究テーマに変わり，現在に至るようになりました。一見すると，研究テーマの副題が変わっただけのように見えますが，学校研究の方向性の転換がなされています。17年度の村櫛小学校の研究紀要には，次のような言明があります。

　『本校では数年来，研究主題を「躍動する算数学習」とし，効果的な算数的活動を通して，子ども自らが問い続け，算数のよさを十分に感じながら，学ぶ楽しさや充実感，満足感を得ることができる学習を目指してきた。これまでの研究では，問いを基にして主体的に課題に取り組み，友達と共につくり上げる学習のあり方を追究し，本校の学習スタイルを確立することができた。しかし，そんな中で，「子どもたちにどんな力が付いたのだろうか。」

「学力は本当に定着したのだろうか。」という素朴な疑問が生まれた。
　そこで，授業を「学力」という視点から改めて見直し，単元において付けたい力を明確にし，子どもたちにどんな力を付ければよいのか，何を目指した学習活動なのかを意識していくことが必要ではないかと考え，サブテーマを"「学力」の確かな習得と定着を目指して"と設定した。』(p.4)

　この言明では，14年度から始まった「問い」を軸とした算数授業の積み重ねを通して，模索の状態から確たる状態に至っていることが述べられています。同時に，「問い」を軸とした算数授業の実践を通して，子どもたちにどのような学力を身に付けさせたいのか，子どもたちが実際に身に付けた学力は何かなど，学力という視点からの算数授業や学校研究の枠組みについて，問うことが行われています。村櫛小学校の先生方が，先輩の先生方の積み重ねられた授業実践や，自分自身，同僚の授業実践を振り返り，そこで営まれた教育実践を反省的に振り返ることが行われています。私の教育的営みを内省し，得られた知見を新たな一歩に生かすという，まさに反省的実践家としての行為をリアルタイムで行っている様子

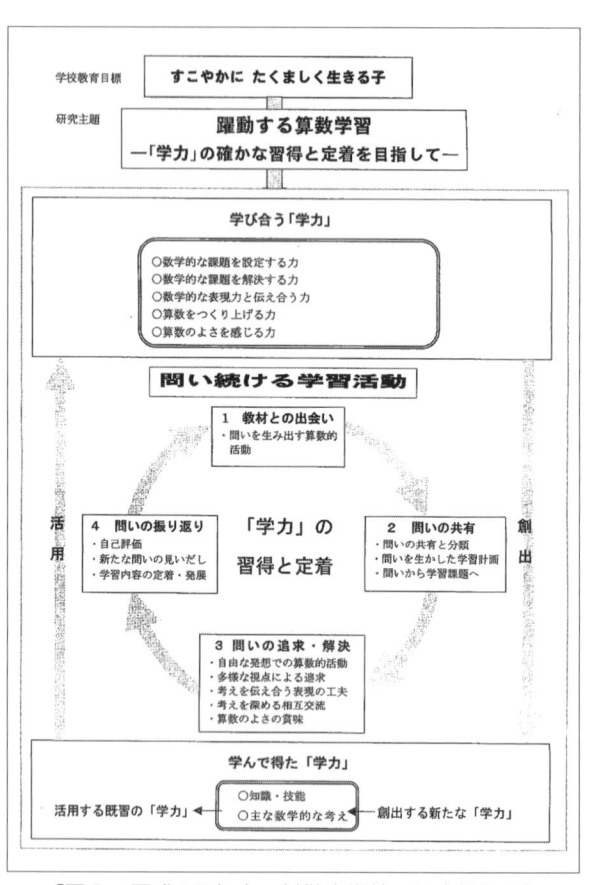

[図6：平成17年度の村櫛小学校の研究構想図]

が伺えます。筆者は，17年度に行われた村櫛小学校の校内研修に何回か参加する機会を得ました。校内研修では，直前に行われた研究授業に関して様々な議論をするという，多くの小学校と同様な授業研究も行われます。しかし，授業研究会以上に，激しい議論が起こっていたのは，研究構想図に関する議論でした。

　平成17年度の村櫛小学校の研究構想図（図6）は，岡本の考えを踏襲しつつ，14年から16年までの授業実践に基づく同校の研究の蓄積を反映したものになっています。

　特に，本書第1章pp.37～44に述べられた岡本の「学力」に関する考えが，この研究構想図に反映されています。

　図6では，「問い続ける学習活動」が四つの局面を循環し続ける活動として描かれています。四つの局面「教材との出会い，問いの共有，問いの追求・解決，問いの振り返り」の循環を繰り返すことによって，『学び合う「学力」と学んで得た「学力」』が明確になり，階層的に形成されることが描かれています。この図式に見られる『学び合う「学力」，学んで得た「学力」』は，それぞれ本書第1章p.43の［図4］における「人間形成のための学力，Toolとしての学力」に対応します。また，図6では上方向の矢印によって「Toolとしての学力」を「活用していく力」が，下方向の矢印によって「Toolとしての学力」を「創出，強化・深化する力」が描かれています。

　この研究構想図は，ある学年の一つの単元レベルの学習サイクルとしても，もっと大きな学習の単位を表すものとしても解釈することができます。村櫛小学校の校内研究会では，「活用する力」や「創出，強化・深化していく力」が具体的な授業の動きや子どもたちの活動の中で何をさすのかなど，常に具体例を踏まえた議論がなされていました。また，その議論は岡本や筆者を交えて，活発に行われることもありました。

　平成18年度の村櫛小学校の研究構想図は，図7になります。17年度のものと比べると，その中身が随分変わっていることに気づきます。18年度の村櫛小学校の研究紀要には，次の言明があります。

　『本校がこれまで実践してきた「学び合い，問い続ける学習活動」の中で，本年度は「既習のツール」を活用して，互いの考えを全力で練り合い，学び合いながら「新しいツール」をつくりあげることを実践してきた。

すなわち,「学力」を確かに習得し, 定着させることにつながると考えた。』(p.4)

18年度の研究構想図の特徴として, 次の2点が挙げられます。

① 四つの局面「教材との出会い, 問いの共有, 問いの追求・解決, 問いの振り返り」の円状の循環が, 三つの段階
「1. 見通す,
2. 追求する,
3. まとめる」
に変わり, 四つの局面が「2. 追求する」に埋め込まれている。
② ツールというキーワードが随所に登場し, このことばを手

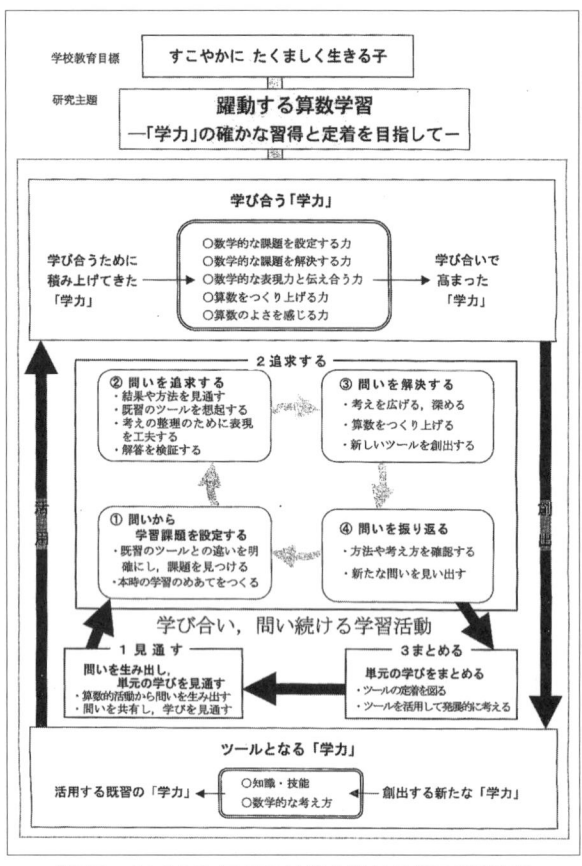

[図7：平成18年度の村櫛小学校の研究構想図]

がかりに内側の循環（学び合い, 問い続ける学習活動）と, 上下の循環（学び合う「学力」とツールとなる「学力」）とのつながりを説明しようとしている。

18年度の研究構想図では, ツールということばとその考えが前面に出てくるようになりました。本書第1章pp.40～42で岡本が述べる,「Toolとしての「学力」」という概念が研究構想図の中に生かされていきます。また, 第1章p.43に掲げられた算数の「学力」の図式を基底に置きながら, 18年度は数と計算領域の学力分析表がつくられました。図8は, 小学6年の単元「分数と整

数のかけ算，わり算」に関する学力分析表です。図の下側に「ツールとなる学力」として，活用するツールと創出するツールがあり，知識・技能と数学的な考え方の双方の面から，具体的に示されています。この学力分析表は，単元「分数と整数のかけ算，わり算」の学習指導のねらいを，学力という視点から構造化しています。同時に，授業実践に生きるように，他者とともに学び合うことでは何をねらい，学び合いを通して何が得られたのかの指針も示されています。

実際，村櫛小学校の算数授業では，子ども

<単元名> 分数と整数のかけ算，わり算
<単元の目標>
単位分数の幾つ分と考えれば，（分数）×（整数），（分数）÷（整数）は，整数の乗法，除法を用いて解決できるよさに気づき，正しく計算することができる。

<付けたい学力>

学び合う「学力」

| | |
|---|---|
| 数学的な課題を設定する力 | （分数）×（整数）や（分数）÷（整数）の問題場面から，「分子がわり切れなかったらどうするのかな。」や，次単元につながる「（分数）÷（分数）はどう計算するのかな。」という問いをもつことができる。 |
| 数学的な課題を解決する力 | 加法や乗法を用いて，（分数）×（整数）や（分数）÷（整数）の答えを求めることができる。 |
| 数学的な表現力と伝え合う力 | 数直線の図や面積図等を用いて，（分数）×（整数）や（分数）÷（整数）の答えは整数の乗法や除法を活用して求められることを説明することができる。 |
| 算数をつくり上げる力 | 類題を解くことを通して，（分数）×（整数）や（分数）÷（整数）の計算の仕方を，記号を用いて表すことができる。 |
| 算数のよさを感じる力 | 単位分数の幾つ分と考えることで，（分数）×（整数）や（分数）÷（整数）は，整数の乗法や除法を活用して計算できるよさを感じることができる。 |

↑活用  ↓創出

ツールとなる「学力」

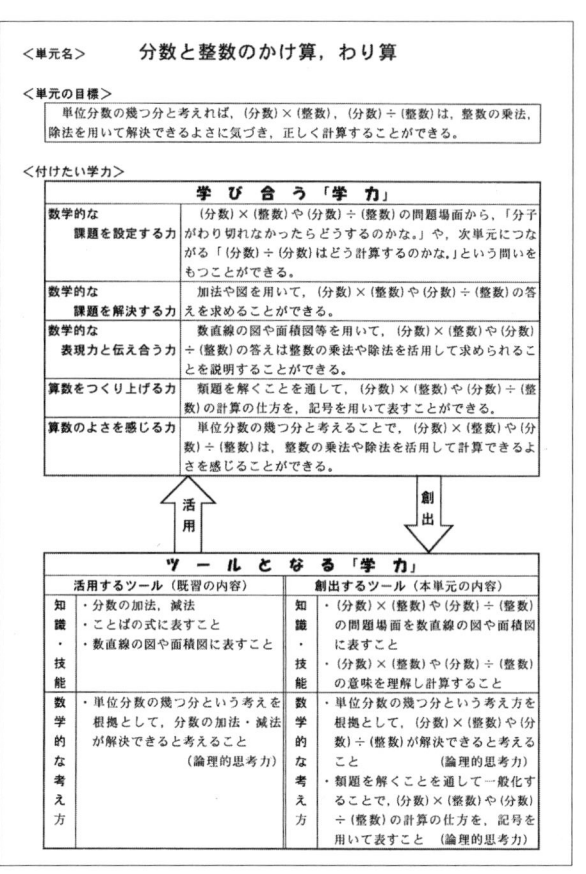

| | 活用するツール（既習の内容） | | 創出するツール（本単元の内容） |
|---|---|---|---|
| 知識・技能 | ・分数の加法，減法<br>・ことばの式に表すこと<br>・数直線の図や面積図に表すこと | 知識・技能 | ・（分数）×（整数）や（分数）÷（整数）の問題場面を数直線の図や面積図に表すこと<br>・（分数）×（整数）や（分数）÷（整数）の意味を理解し計算すること |
| 数学的な考え方 | ・単位分数の幾つ分という考えを根拠として，分数の加法・減法が解決できると考えること<br>　　　　（論理的思考力） | 数学的な考え方 | ・単位分数の幾つ分という考え方を根拠として，（分数）×（整数）や（分数）÷（整数）が解決できると考えること<br>・類題を解くことを通して一般化することで，（分数）×（整数）や（分数）÷（整数）の計算の仕方を，記号を用いて表すこと（論理的思考力） |

[図8：分数×整数，分数÷整数の学習に関わる村櫛小学校での学力分析表]

たちの「問い」について考えを深めるために，どのようなツールが活用できるのか，他者と議論をすることにより，どのようなことが生み出されたのか，その結果新たに使えるツールは何か，などが常に意識されていました。図8のような学力分析表は，1年生から6年生までの数と計算領域すべてで網羅されています。この学力分析表は，実際にその学年の授業を担当している先生方によってつくられ，校内研修の場でその妥当性を問いかけたり，修正を重ねたりすることが継続的に行われました。また，学年を超えて，いくつかの学力分析表を統合的に見ることも行われました。18年度からの村櫛小学校の研究では，

学力分析表に基づく授業実践を反省的に振り返り，問い続けることが行われています。

平成19年度の村櫛小学校の研究構想図は，右の図9です。

18年度の研究構想図を踏襲しながらも，19年度は図形領域や量と測定領域における学力分析表を作成することに，研究の力点が移りました。同時に数と計算領域の授業実践を通して，18年度に作成した学力分析表の見直しと修正の作業も行っています。

ここまで，村櫛小学校での平成14年度から19年度までの研究構想図の変遷をたどりながら，時系列で同校の校内研究や校内研修，先生方の姿勢について述べてきました。

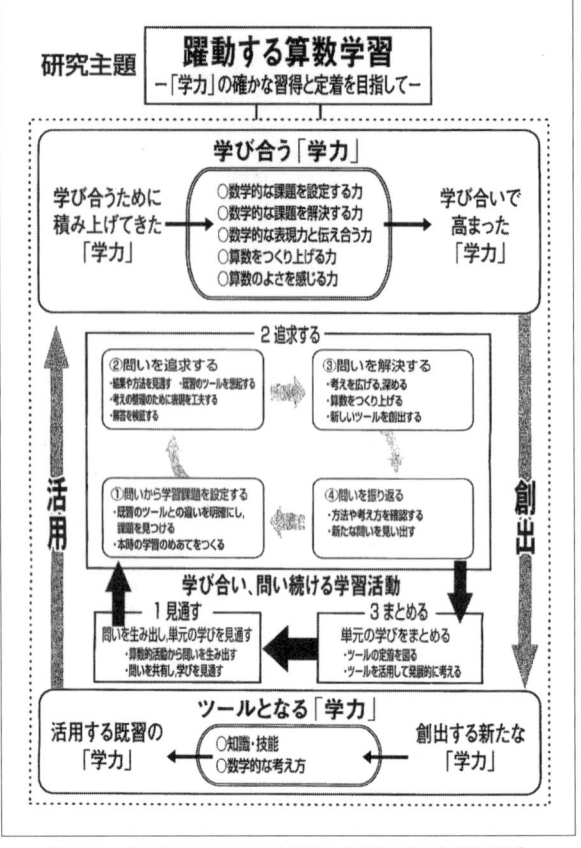

[図9：平成19年度の村櫛小学校の研究構想図]

同校の研究構想図や研究の足跡は，着実にヴァージョンアップを重ねています。その原動力となっているのは，村櫛小学校の先生方の「私自身の，私たち自身の教育実践を問うこと」に他なりません。研究構想図に代表される理論と，その背景にある岡本の考え，日々の算数の授業実践との関係を常に照らし合わせながら，理論と実践との往還を繰り返し行っています。

「私たち自身の教育実践を問うこと」は，私たちにとって，大変厳しいことです。「私たち自身の教育実践を問うこと」は，教師としての私たちの存在意

義を問うことにもつながります。「私たち自身の教育実践を問うこと」よりも，他者の教育実践をまねび続けた方が楽な面が多々あります。しかし，村櫛小学校の先生方は「私たち自身の教育実践を問うこと」を常に続けています。その厳しさを感じながら熱心に授業づくり，授業研究，校内研修を続けています。

この原動力は，どこから来るのでしょうか。

子どもがいきいきとした表情で「なぜだろう？」と問い，「わかった，そういうことだったのか！」と納得し，さらに「どうして？」と問う学習を繰り返し行っているからです。そうした子どもたちと出会っているからです。さらに，村櫛小学校の先生方は教師自身が「私自身の，私たち自身の教育実践を問うこと」をしなければ，子どもが算数・数学に関する「問い」を育み，問い続けることをしないことを経験し，実感しています。

「問い」から始まり，終わることのない問い続ける私たち自身の行為の繰り返しによって，私たちは自らの中に算数・数学を創り出すことができます。しかし，問い続けることをやめてしまった時点で，私たちは自らの中に算数・数学を創り出すことはできません。その時点からは，基盤のぐらぐらとした，借り物の算数・数学もどきが身に付きます。わかったではなく，わかったつもりなのかもしれません。これは，できることを優先した算数・数学なのかもしれません。こうした基盤のぐらぐらしたものが，大変危ういものであることは，建物に置き換えて考えれば明らかです。「私たち自身の教育実践を問うこと」においても同様です。できることを優先したり，指導技術に傾斜した教育実践の積み重ねでは，基盤がぐらぐらしています。

子どもの「問い」を軸とした算数学習は，教師による「私たち自身の教育実践を問うこと」と相俟って行われます。共通することは，私という認識主体が，私自身を問うという厳しい姿勢です。常に他者に問われ続けたり，他者の評価ばかりにとらわれている時間はないのです。

それゆえ，子どもの「問い」を軸とした算数学習を継続的に行うためには，教師の高い力量が要求されます。でも，おそれることは全くありません。若い先生も，熟練の先生も皆，私自身を問う姿勢を持てば，子どもの「問い」を軸とした算数学習を行うことができます。「問う」ことから学びは始まります。何より，「問い」を抱いた子どもの姿と表情，そして先生は可能性豊かです。

(両角達男)

# 第3章

# 浜松市立村櫛小学校の算数学習

## はじめに

　本校は，昭和25年に「学校教育において一人も落伍者を出してはならない」との悲願のもとに，算数科の授業改善を進める研究を始め，以来，平成19年度までに58回の研究発表会を重ねてきました。その間，「主体的に学ぶ子の育成」，「学ぶ楽しさのある算数学習」，「生活に生きる算数学習」等をテーマに実践的な研究を積み重ね，平成14年度からは，研究主題を「躍動する算数学習」とし，子どもたちが生き生きと学習に取り組む姿をめざした算数授業のあり方やつけたい学力について研究を進めています。

　この「躍動する算数学習」には，子どもたちの「生きる力」を育むために，次のような資質や能力を育成していこうという願いが込められています。

　「基礎・基本を確実に身に付け，いかに社会が変化しようと，自ら学び，自ら考え，主体的に判断し，行動し，よりよく問題を解決する資質や能力」

　こうした子どもたちの資質や能力を育むためには，「今日は，このことについて考えてみよう」という明確な課題を持つこと，「解決したい」という思いを持ってじっくりと考えること，「わかった」と新しい知識や考え方の発見に心躍らせること等の学習体験が必要となります。その実現を期待した学習が，次に示すような学習と考え，それを「躍動する算数学習」としました。

> 　効果的な算数的活動を通して，子ども自らが問い続ける算数学習に取り組み，算数のよさを十分に感じながら，学ぶ楽しさや充実感，満足感を得ることができる学習

　そして，私たちが考えた「躍動する」子どもとは，授業の中で次のような学びの姿を見せてくれる子どもでした。
・生活の中から問いを見い出し，自ら数学的な課題を見つけることができる子
・結果や方法に見通しを持ち，既習の内容を生かして課題を解決し，検証していける子
・自分の考えを根拠をはっきりさせながら筋道を立ててわかりやすく表現し，伝え合うことができる子
・新たに見つけ出した方法や知識を，より一般性のある形でまとめ上げること

ができる子
・基礎・基本を確実に身に付けるとともに，学びの過程で感じた算数のよさを生活に生かすことができる子

　平成14年度以降，こうした「躍動する算数学習」の実現に向けて，私たちがどのような算数授業観・学習観や算数学力観を持ち，どのような授業実践と校内研修を積み重ねてきたかについては，前章で詳細に述べた通りです。

　本章では，それらを踏まえた上で，図9「平成19年度研究構想図」(p.92)の学習サイクルに基づいた村櫛小学校の算数授業・学習の実際について述べていくことにします。

　そのため，本章の構成と内容を以下のようにしました。

　第1節では，単元で付けたい「学力」を押さえ，子どもが「ツール」を活用・創出する「学び合い，問い続ける算数学習」の各段階で，どのような学習活動の実現をめざし，そのためにどのような手立てをとっていくことが望ましいかといったことについて，その基底となる考え方を述べます。

　これは，学年により，扱う単元により，その特性に応じて変化させていくこともある柔軟性を持ったものですが，基本的には本校の教員全員の算数授業を貫く算数学習のあり方として生かされているものです。

　第2節では，「学び合い，問い続ける算数学習」の第1段階〈1．見通す〉における学習活動の実際を事例を示して具体的に説明します。

　第3節と第4節では，第1段階〈1．見通す〉における学習内容にも触れますが，それに続く第2段階〈2．追究する〉と第3段階〈3．まとめる〉における学習活動を中心に，その実際を事例を示して，それぞれそのプロセスや手立て等を具体的に説明します。

　そして，最後に，こうした授業・学習を継続的に実践してきた結果，どのような教育的成果が得られたか，子どもにどのような変容が見られるようになったか，そして今後への発展や課題について述べます。

　なお，私たちは，こうした学習活動を通して育てていきたい子どもの姿について，まず，到達目標としての高学年での子どもの姿を描き，それを基にそこに至るまでの中学年の子どもの姿，さらには低学年の子どもの姿を想定して指導に当たってきました。次に示した「『学び合い，問い続ける算数学習』における子どもの姿」は，その概要を一覧にしたものです。

## 「学び合い，問い続ける学習活動」における子どもの姿

| | | 低学年 | 中学年 | 高学年 |
|---|---|---|---|---|
| **1．見通す** | | | | |
| 単元の学びを見通す | | 主に日常生活に関連する教材やゲーム等の導入から，「はてな」（問い）を見つける。<br>また，友だちの「はてな」を見て，いろいろな「はてな」があることを知る。 | 主に日常生活に関連する教材やゲーム等の導入から，既習と比べながら「はてな」を見つける。<br>また，友だちの「はてな」と比べ，仲間分けをする。 | 主に日常生活に関連する教材やゲーム等の導入から，既習と比べながら学習課題となる「はてな」を見つける。<br>また，みんなの「はてな」を仲間分けしたものを基に，単元の学習の見通しを持つ。 |
| **2．追求する** | | | | |
| ①課題を設定する | | 教材への驚きや興味等から問いを持ち，教師とともに既習のツールとの違いを明らかにして，本時のめあてをつくる。 | 教材への驚きや興味等から問いを持ち，既習のツールとの違いを見つけ，キーワードを基に本時のめあてをつくる。 | 教材への驚きや興味等から問いをもち，既習のツールとの違いを明らかにして，自分で本時のめあてをつくる。 |
| ②追求する | | 方法の見通しを持ち，体を使ったり具体物を操作したりしながら，自分の考えを持つ。 | 解決に役立つ既習のツールを教師とともに明確にしながら，自分の考えを持つ。 | 解決に役立つ既習のツールを自分で見つけ出し，自分の考えを持つ。 |
| ③解決する | 考えを交流する | 体を使ったり具体物を操作したりしながら，自分の考えを伝える。<br>自分の考えと同じ考えや違う考えを見つける。 | 理由となる考えを加えながら，図や式等を用いて自分の考えを伝える。<br>自分の考えと友だちの考えとの共通点・相違点を見つけ，考えを類型化していく。 | 活用した既習のツールを明確にしながら，図や式等を用いて，自分の考えを伝える。<br>友だちの考えのよさや疑問点を話し合いながら自分の考えを変容させ，考えを類型化していく。 |
| | つくり上げる | 多様な考えの共通点や考えのよさを教師とともに見つけ，課題に対する新しいツールをつくる。 | 類型化された考えの共通点や考えのよさについて視点を基に教師とともに話し合い，課題に対する新しいツールをつくる。 | 類型化された考えの共通点や考えのよさを見つけながら，みんなで話し合い，課題に対する新しいツールをつくる。 |
| ④振り返る | | 教師と一緒に学習を振り返り，本時でわかったことをまとめる。 | 自分の学習を振り返り，本時で新しいツールを基に学習内容をまとめたり，新たな問いを見い出したりする。 | 自分の学習を振り返り，本時で新しいツールや活用したツールを基に学習内容をまとめたり，新たな問いを見い出したりする。 |
| **3．まとめる** | | | | |
| 単元の学びをまとめる | | この単元で習得したツールを確実に身に付ける。<br>また，そのツールを使って生活の中の問題を解決する。 | この単元で習得したツールを確実に身に付ける。<br>また，そのツールを使って，生活の中の問題や発展的な問題を解決する。 | この単元で習得したツールを確実に身に付ける。<br>また，そのツールを使って発展的な問題を解決し，統合的な見方で新しいツールを見い出すことができる。 |

## 第1節　学び合い，問い続ける学習活動

　この学習活動は，図9「平成19年度研究構想図」(p.92)に示したように，螺旋的・連続的なサイクルによって構成されています。単元ごとの授業・学習が一つのサイクルとして行われています。そして，このサイクルを積み重ねることによって，学習の質の深まりと高まりを期していきます。

　以下，その各段階での学習活動についてくわしく述べていくことにします。

### ❶「見通す」学習活動

　「問い」を生み出し，単元の学びを見通す（単元の学習を見通す場面）。

　この段階は，「問い」を軸とした算数学習のスタートであり，「学び合い，問い続ける算数学習」を実現していくための前提となる段階です。そのため，子どもたちが様々な「問い」を生み出し，それらを共有していけるようにするための手立てを工夫していかなければなりません。

#### │1│算数的活動から「問い」を生み出す

①教材と出会う

　子どもたちが「問い」を持つためには，何らかの教師からの働きかけが必要です。それは，子どもたちの教材との「出会い」です。私たちは，その「出会い」を大切にし，「出会い」の教材として次のような教材を選択することにしました。

〈「出会い」の教材例〉

・子どもたちが興味を持つ教材
　（例）2年「長さ」：自分の身長の伸びを幼稚園の先生に伝えよう。
・日常生活や他教科と関連する教材
　（例）1年「大きな数」：とってきたアサガオの種を数えよう。
・既習のツールでは解決できない教材
　（例）3年「長さ」：紙飛行機が飛んだ長さを調べよう。
・算数のよさに触れることができる教材
　（例）5年「四角形」：いろいろな四角形を仲間分けしよう。

②問いを生み出す

　教材との出会いが，そのまま「問い」につながるわけではありません。その教材に驚きや不思議さ，面白さといったものを感じさせ，そこから，「問い」を生み出すことができるようにしたいのです。そのため，私たちは，効果的な

作業的・体験的な算数的活動を設定することにしました。
〈「問い」を生み出すための作業的・体験的な算数的活動例〉
・3年「わり算」：たくさんのあめをみんなで等分する。
・4年「三角形」：4種類の長さのストローで安定した三角ブランコを作る。
・6年「立方体と直方体」：直方体の宝物BOXを作る。

## 2 「問い」を共有し，学びを見通す

　算数的活動を通した教材との「出会い」で，子どもたちは様々な「問い」を持ちます。私たちは，この継続研究の中で，たくさんの豊かな「問い」との出会いを経験してきました。
　そこで，私たちに求められたことは，そうした子どもたちの「問い」を学習活動の中で生かしていくことです。そのための手立ては次の通りです。

① 「問い」を意識し，共有する
　子どもの「問い」を生かしていくためには，まず，自分の「問い」を「問い」として意識させることです。また，他の人たちの「問い」を知り，自分の「問い」をその中に位置付けさせてみることです。
　そのために，私たちは，各自に自分の「問い」を「はてなカード」に書かせ，その「はてなカード」を黒板に貼り出させることにしました。そうすることによって，「問い」の意識化を図るとともに，自分と同じ「問い」を見つけたり別の「問い」を知ったりさせ，「問い」の共有が図れるようにしました。

② 「問い」を仲間分けし，学習の見通しを持つ
　「問い」の意識化，「問い」の共有化をすることで，子どもたちは様々な「問い」の存在に気付きます。しかし，それは，まだ整理されていない状態のままであり，これをどう学習へと結び付けていくかが私たちの課題でした。
　そこで，中学年からは，生まれた「問い」を仲間分けする作業を加えました。また，主に高学年では，それらをどんな順序で学習していくとよいのかを考えながら，より学習の見通しを明確にする場合もありました。
　こうすることで，学級で出された「問い」が次第に整理され，「これから何を学習していけばよいか」が明確になっていきました。「この学習では，こういう問題（課題）をはっきりとさせていけばいいのだな」と子どもたちの中で具体的な学習の見通しを持つことができるとともに，「はっきりさせたい」，「解決したい」という思いが強まり，今後の学習への期待感の高まりにつながりました。

なお，生み出された「問い」の中には，その単元の学習内容を超える発展的な内容が含まれる場合がありました。その場合には，子どもたちの理解や興味・関心の程度を考慮して，この単元で身に付けた「学力」の定着や強化を図るという視点で，「発展的な内容として扱う」，「複数単元を一つにまとめる」等の手立てで，必要に応じて学習計画に組み入れていくようにしていきました。
〈「問い」が単元の学習内容を超える発展的な内容が含まれる場合の例〉
　○発展的な内容として扱う
　　5年「小数のわり算」
　　　・除数が小数第1位までの（小数）÷（小数）を学習
　　　　　　　↓
　　　| (問い) わる数が小数第2位まである小数だったら，どうやって計算すればいいのかな。|
　　　　　　　↓
　　　・ツール「わられる数とわる数を10倍して，わる数を整数にして計算する」を応用して，除数が小数第2位までの（小数）÷（小数）の計算の仕方を考える。
　○複数単元を一つにまとめる
　　3年「わり算」
　　　・分けきることができる場面での新しい演算「除法」を学習
　　　　　　　↓
　　　| (問い) 分けた時にあまってしまう場合は，どうしたらいいのかな。|
　　　　　　　↓
　　　・引き続き，「あまりのあるわり算」の学習につなげる。

### ❷ 「追求する」学習活動

　この段階では，前段階で生み出された「問い」を軸に，いよいよ子どもたちの本格的な算数学習がスタートします。「学習課題を設定する」，「追求する」，「解決する」，「振り返る」のサイクルを繰り返すことで，子どもたちの学び合いを通して算数をつくり上げ，さらに次なる「問い」を生み出していく「学び合い，問い続ける学習活動」の中心となる段階です。
　また，私たちはこの段階で，子どもたちに「ツール」を意識させて学習を進

めさせていき，本校がとらえる「学力」を伸ばしていきたいと考えました。

## ｜1｜「問い」から学習課題を設定する（課題設定の場面）

単元のはじめに生み出された「問い」は，まだ漠然としています。私たちは，「子どもの『問い』を生かす」とは，その「問い」に具体性を持たせ，子どもたちの「解決したい」という意識を高めることだと考えます。そのためには，本時の学習で，その「問い」を問題場面に結び付け提示する必要が生じます。これによって，「今日は，何を考えていけばよいのか」がより明確になるとともに課題意識が高まり，その後の解決への意欲につながると考えます。

①既習のツールとの違いを明確にし，課題を見つける

「問い」を問題場面に結び付けるといっても，ただ問題を子どもたちに提示し，「さあ，今日はこれを解こう」では，子どもたちの課題意識は高まりません。そこに教師の工夫が必要になってきます。

そこで私たちは，毎時間の学習の導入では，既習のツールとの違いを明確にすることを通して課題意識を高め，本時に追求する課題が明確になるように，主に次のような手立てをとりました。

- ○ゲームや作業的な活動に取り組むことや身近な問題場面に直面する中で，既習のツールでは解決に至らないことを実感し，新しい知識・技能や算数的なアイデアを求めようとする意識を高め課題を設定する。
- ○既習のツールで解決するには手間が掛かることから，より能率的な解決方法を求めようとする意識を高め課題を設定する。
- ○「はてなカード」から，子どもが知りたいことや不思議に思ったことを改めて提示し，クラスで解決していこうとする意識を高め課題を設定する。

②本時の学習の「めあて」をつくる

子どもたちの課題意識が高まり，追求する課題が明確になったところで，本時の学習の「めあて」をみんなでつくり板書します。「めあて」を文章化することで，学級全体でこれから取り組む学習のゴールがより一層明確になります。しかし，その「めあて」は「2.3×4の答えはいくつかな」といった，その授業だけに通用するものでは本当の意味の解決とはなりません。そこで，私たちは，「(小数)×(整数)の答えは，どのように求めたらいいのかな」のように解決するために必要な考え方や方法を問う形で設定するようにしました。こうすることで，本時の「まとめ」では「この考え方を用いれば」，「この方法を用い

れば」という新しいツールの創出に結び付けることができます。

　そして、このように課題を設定する体験を重ねることを通して、本校が培いたい「学び合う『学力』」の一つ、「数学的な課題を設定する力」が高まると考えました。

## │2│ 「問い」を追究する（自力解決の場面）

　まずは、「問い」に対して自分一人で正対する場面です。「この問題を解決する方法を考えよう」とゴールを意識した子どもたちは、既習のツールを駆使したり必要なアイデアを見つけ出したりして課題を解決しようとします。しかし、そのためには以前の学習経験から既習のツールを選択していく力や、解決の過程を分かりやすく整理しまとめる力が必要になってきます。そこに、教師の支援が必要になってくるのです。

### ①結果や方法を見通す

　子どもたちは、問題を解決するために必ず「こうした考えを使ってみよう」、「この方法で表してみよう」と見通しを持ちます。しかし、この見通しを容易に持つことができない場合があります。私たちは、その時に、次の二つの手立てをとり、課題解決のための手助けをしていくようにしました。

　○おおまかに解答を予測し、課題解決を通してより適切な解答が得られるようにする（結果の見通し）。

　○課題解決に向けて、既習の経験からどのような方法やツールを用いて考えればよいかを押さえる（方法の見通し）。

　　〈方法の見通しの例〉

　　　・方法→ 液量図、テープ図、数直線、面積図等

　　　・ツール→「10のまとまりをつくる」

　　　　　　　　「0.1のいくつ分で考える」等

### ②既習のツールを想起する

　子どもたちが課題解決できるようにするためには、既習のツールをいつでも活用することができるようにしておく必要があります。そこで、私たちは、授業で創出された数学的なアイデアや知識・技能はツールカードに記入しておくようにしました。そして、このカードは背面掲示板に貼っておき、いつでも子どもの目に触れられるようにしておきました。

　なお、本校では、ツールカードは二種類で区別しました。創出された知識・

技能は赤色で，課題を解決するために必要な数学的なアイデアは青色で記入し，二つを明確に区別するようにしました。

このように，常に「既習を用いて新たな課題を解決すること」を子どもたちに意識付け，既習のツールを選択して課題を解決していく体験を重ねることを通して，「数学的な課題を解決する力」が高まると考えました。さらに，課題解決のために繰り返しツールを使用していくことで，ツールの定着を図ることもできると考えました。

③考えの整理のために表現を工夫する

子どもたちが課題解決をするときは，頭の中で考えると同時に，何かに表現しようとします。それが，「教具を操作する」，「ノートに書き入れる」という行為となります。しかし，自分が考えたことをどう表現してよいのかがわからないこともあります。

そこで，私たちは，子どもたちが課題解決に向けて自分の考えを整理していくことができるように，実態に応じて，以下の五つの表現方法を選択させ，用いることができるようにしました。これらの表現方法は，後の「考えを交流し合う場面」で自分の考えをわかりやすく友だちに伝えるときにも使われます。

子どもたちは，学習を重ねることで，よりわかりやすく自分の考えを伝える方法を，よりシンプルに表現できる方法を選んで，ノートに書き入れたり友だちへの説明に活用したりできるようになります。こうすることで，「数学的な表現力と伝え合う力」が高まると考えました。

《数学的な表現》

| 種類 | 押さえ |
| --- | --- |
| 現実的表現 | 実物を用いた表現 |
| 操作的表現 | 半具体物を用いて操作する表現 |
| 図的表現 | 絵や図，グラフ等を用いた表現 |
| 言語的表現 | 日常言語を用いて書いたり話したりする表現 |
| 記号的表現 | 数字や文字，演算記号や関係記号等を用いた表現 |

（※中原忠夫氏の文献参考）

④解答を検証する

子どもたちが自力解決を通して得た解答は，いつも正しいとは限りません。私たちは，子どもたちに，結果の見通しと照らし合わせたり確かめの計算をしたりして，得られた解答が問題に対する解答としてふさわしいものであるかを

検証していくように，個々に支援をしたり友だちとの交流で気づくことができたりするようにしました。そして，解決の過程や活用したツールが適切であったかを振り返らせるようにしました。

### |3| 「問い」を解決する（考えを交流し，つくり上げる場面）

　子どもたちは，友だちと自力解決で得られた解答を交流し合うことを通して，多様な見方や考え方に触れることができます。そして，子どもたちが持った「問い」が，みんなでいよいよ解決されようとします。私たちは，こうした学習場面こそが「学び合い」であり，集団学習の意義はここにあると考えます。そして，自分の考えをわかりやすく伝える力や，課題を解決するために必要な数学的なアイデアや知識・技能をつくり上げる力を伸ばすチャンスでもあるのです。

①考えを広げる，深める

　私たちは，自力解決を通して自分の考えを得られた子同士で，まずは，自分の考えを説明させ，友だちの考えとの共通な考えを見つけ出したり疑問点や相違点を話し合わせたりしました（個と個の交流）。これによって，さらに考えを広げたり，深めたり，時には修正をしたりすることができると考えたからです。友だちに説明するときには，「○○の考え方を使って」，「○○（の知識・技能）を使えば」と活用したツールを意識した説明をさせました。こうしたことが，根拠を明らかにして筋道立てて説明する「論理的思考力」を伸ばすことにつながると考えました。

　さらに，私たちは，中・高学年で，多様な考えの中に貫く共通な解決方法や考え方に着目させ，子どもたちの交流の中で考えを類型化できるようにしました。こうすることで，学級の中で，どのような考えが出てきたのかが明確になり，後のつくり上げる場面へとスムーズに学習が進められることになりました。

②算数をつくり上げる

　個と個の交流を通してまとめられたいくつかの考えを検証し，そこから本時のねらいに迫る話し合いを学級全体で行うようにしました（全体交流）。しかし，話し合いをするには，「何について話し合えばいいのか」，「どのように話し合えばいいのか」を明確にする必要があります。

　そこで，私たちは，子どもたちに本時のめあてに立ち返らせ，「何をはっきりとさせればいいのか」をもう一度確認させました。また，必要に応じて，次のような交流の視点を示し，話し合いを焦点化することにしました。

〈全体交流の視点〉
・活用した考えは何か。
・それぞれの考えのよさは何か。
・似ている考えはどれか。
・どれにも言えることは何か。
・いつでも使える方法か。
・より簡潔な表し方は何か。

　このように，私たちは，全体交流の中で子どもたちが課題解決への糸口を見い出すことができるように，教師が必要な支援をしてかかわることで，新しいツールの創出をめざしました。このような体験を通して「算数をつくり上げる力」が高まると考えました。

③新しいツールを創出する

　全体交流の最後には，本時で明確になった課題解決につながる数学的なアイデアや知識・技能をまとめ，みんなで確認し合いました。これによって，一つの「問い」が解決をみることになります。これらは，新しく加わったツール＝「学級の財産」として，ツールカードに書き入れ，以後の学習でも子どもたちが活用できるようにしました。

　ツールを創出する時は，「新しいツールを用いて解決できた」というばかりではありません。時には「前回と同じツールを用いて，今回も解決できた」，「既習のツールを修正すれば，今回でも通用する」，「前回と同じようにはできなかったから，前のツールは使えない」等，様々な子どもたちの感想を聞くことができます。私たちは，こうした創出したツールを確認する体験を通して，「算数のよさを感じる力」が高まると考えました。

|4|「問い」を振り返る（自己評価をする場面）

　はじめに自分たちが持った「問い」がどのように解決されていったのかを振り返ることで，子どもたちは改めて自分の学びを見つめることができます。また，本時で学んだ算数そのものに触れることによって，子どもたちは驚きや喜びを感じるとともに，さらなる「問い」を生み出していくことがあります。こうした感動は，次への学びの意欲へとつながっていくのです。

①方法や考え方を確認する

　本時の終末には自分の学びを振り返り，ノートに記述させました。この内容

は，時には子どもたちに紹介して，次の学習に生かしていきました。
〈ノートに記述する観点〉
・感じた新しいツールのよさは何か。
・どの既習のツールを用いたら課題が解決できたか。
・授業を通して，自分の考えが広がったり深まったりしたことは何か。

② 新たな「問い」を見い出す

子どもたちは，本時の学習を振り返りながら，「では，○○はどうなるのかな」，「今日の考え方は，○○にも使えるのかな」等，内容を発展させ，新たな問いを見い出すことがあります。私たちは，これらの「問い」を「オレンジカード」（オレンジ色の「はてなカード」）に記入させ，さらにその後の学習に厚みを持たせるために以下のような場面で生かしました。
・その単元の中でかかわりのある学習の導入で扱う。
・単元の終末で，発展的な内容として扱う。
・次の単元の学習へつながりを持たせるように扱う。

このような「問いの連鎖」から，「問い続ける学習」を構成していきました。

### ❸ 「まとめる」学習活動

単元の学習をまとめる（定着と発展の場面）

この段階では，子どもたちの「問い」から創出したツールをより確かなものとしていきます。また，新たな「問い」から，さらに次の学習へのつながりを示し，次なる「学び合い，問い続ける算数学習」を展開させていきます。

│1│ツールの定着を図る

単元の終末には，その単元で創出したツールを見直し，次の学習に活用することができるようにツールの定着を図りました。高学年では，この単元全体に貫くツール＝「算数のよさ」を確認し，学習をより確かなものにしていきました。

│2│ツールを活用して発展的に考える

私たちは，子どもたちが生み出した新たな「問い」から，その単元全体に貫くツールを活用し発展的に考えることができる「問い」を課題に選び出し，解決の場を設定しました。この学習を通して，その単元の内容を超える発展的な内容であっても，既習と同じように考えれば解決できることを経験できます。こうすることで，本単元で学習したツールへの理解が一層深まり，より確かな定着を図ることができると考えたからです。

（中村正行）

## 第2節 授業の実際（1）
－見通す－　5年：平行と垂直，四角形

「見通す」段階は，「問い」を軸とした算数学習のスタートであり，「学び合い，問い続ける算数学習」を実現していくための前提となる段階です。

この段階での学習活動は，前節で述べたように次のような内容と順序で進めていくことを基本としています。

1．算数的活動から「問い」を生み出す。
（1）教材と出会う
（2）「問い」を生み出す
2．「問い」を共有し，学びを見通す
（1）「問い」を意識し，共有する
（2）「問い」を仲間分けし，学習の見通しを持つ

しかし，これはあくまで基本であり，単元の特性や学年に応じて，その展開も変わってきます。「教材との出会い」からすぐ「問い」が生み出され，その分類とそれに基づく「学習の見通し」までがはじめの1時間で進行してしまうこともありますし，そのために2，3時間かけることもあります。

また，はじめの「問い」は学習の順序を決める程度のもので，学習が進むにつれて学習内容に応じた具体的な「問い」が次々と生み出されていく場合もあります。第3節，第4節で紹介する事例は，これに当たります。

本節で紹介する「見通す」段階は，そのために3時間かけた場合の事例です。

なお，本単元では，まず「平行と垂直」を扱い，それを「四角形」の考察のためのツールとして使うという単元構成をせず，両者をまとめて一つの単元「ワールド・オブ・ザ四角形」としました。子どもたちが様々な「問い」を持ち，ツールそのものを創出しながら「四角形」の考察に向かっていって欲しいと考えたからです。

### ❶ 算数的活動から「問い」を生み出す

#### |1| 教材と出会う（第1時：いろいろな四角形を作ろう）

第1時では，規則正しく並んだドットから四つの点を選んで四角形を作るという算数的活動を設定しました。これは，子どもたちが主体的に，既習の辺や角の相当関係に着目して四角形の仲間分けをし始めるとともに，仲間分けできない四角形についての「問い」を持つと考えたからです。

子どもたちは，選んだドットを四つの頂点ととらえ，いろいろな四角形を作ることを楽しみました。そして，作り終えた四角形を友だちと見せ合いました。子どもたちは友だちと個々に交流する中で，「私も長方形を作ったよ」，「○○さんと同じ四角形だ」，「ダイヤができたよ」等といろいろなことを言い始めました。

　そこで，たくさん作った四角形の中で，一番友だちに見せたいものを黒板に貼って紹介し合うことにしました。すると，子どもたちの中から，「飛行機みたいな四角形がたくさんある」，「正方形もあるね」，「□□さんと△△さんの四角形は似ているよ」といった声が聞かれました。

　子どもたちは，自然に，「みんなの四角形を仲間分けしよう」と，次時の課題を見つけることができました。次の図は，規則正しく並んだドットから四つの点を選んで，子どもたちが作った主な四角形です。

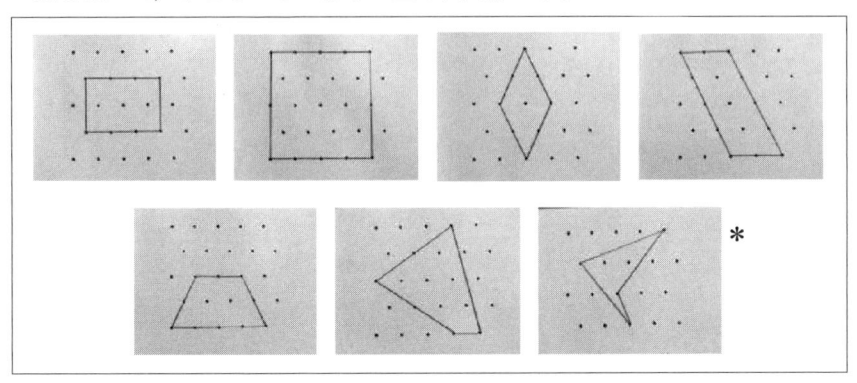

　また，第1時の終わりには，仲間分けの視点として次のような考えが出されました。

| 〈子どもたちが考えた仲間分けの視点〉 | | |
|---|---|---|
| ・辺の長さを調べる。 | ・角の大きさを調べる。 | |
| ・長方形か正方形かで仲間分けをする。 | ・面積を調べる。 | |
| ・点と点の結び方を調べる。 | ・形が似ているものを選ぶ。 | ・全体の形を見る。 |

　上記の中で，「面積を調べればよい」という意見については，「面積が等しくても，長方形と正方形に仲間分けされるものがある」という意見が出たので，仲間分けの視点から除きました。また，「点と点の結び方を調べればよい」という意見については，「わかりにくい」とされましたが，点と点を結ぶことに

よってできる辺の並び方に目を向けることにつながる意見として残しました。

こうして，自分たちが作った四角形を見ながら，「なんか仲間分けできそう」という気持ちになり，自分たちで仲間分けしようという子どもたちの意欲が高まりました。

そして，第1時の終わりには，前ページに示した「四角形」(p.109図中＊印)のような「飛行機の形をした四角形」を他の四角形と分けることができました。仲間分けした根拠として，「へこんでいる」，「三角形に見える」等挙げられた中で，「一つの角の大きさが180°より大きい」という意見がありました。仲間分けの視点として角の大きさに目を向けた意見として取り上げました。

│2│既習のツールでは，解決できない場面に出会う
　　（第2時：四角形を仲間分けしよう）

第2時では，子どもたちが作った30個の四角形を仲間分けする活動を設定しました。第1時の終わりに，「飛行機の形をした四角形」を分けることができたので，残りの四角形をさらに仲間分けすることにしました。本時では，仲間分けの視点に着目させるために，その根拠を明らかにするように求めました。

ずらりと並んだ四角形を仲間分けすることは容易ではありませんでした。しかし，自分たちが作った四角形を何とか仲間分けしたいという意識があり，子どもたちは根気よく取り組みました。そして，友だちに自分の仲間分けした根拠をわかりやすく説明するために，ドットを結んで作った四角形のカードを重ね，代表的なものを一番上に置く，平行四辺形の特徴を自分の言葉で表現する等，子どもたちは工夫して考えていました。

その間，子どもたちから，次ページに記したようないろいろなつぶやきが聞こえてきました。

［仲間分けのために重ねられたカード］

> - 長方形と正方形は，もう，分けられるよ。
> - 長方形，正方形，あとはなんとなく分けてみたけど，言葉では説明できないよ。
> - よくわかんないな。これ同じ仲間かな。
> - 直角の数で分けよう。直角が四つあるもの，二つあるもの，直角がないもので分けることができたよ。
> - 角度を測ったら，四つとも直角，二つずつ角度が等しい，四つとも角度が違う。
> - 長さを測ろう。正方形ではないが，四つの辺の長さが等しいものがある。

また，数人での交流では，次のような活発な話し合いが行われていきました。

> - 長方形に似ているけど，長方形ではないものがあるね。
> - 長方形，正方形，ひし形みたいなもの，斜めの四角形に分けたよ。
> - 長方形，正方形はいいけど，あとは，三角形の一部をなくしたような四角形と長方形にしたいけど少し斜めの四角形に分けた。
> - いくつに分けたかな。
> - 細かく分けてしまったよ。
> - 全部の四角形を直角の数で分けるというのもいいね。
> - でも，長方形と正方形が同じ仲間になってしまうよ。この二つは，分けることができるよ。

さらに，全体交流では，次のような話し合いが行われ，まず，既習のツールを活用して，長方形と正方形を分けることができました。また，「直角がいくつあるか」で仲間分けをしたという発表もありました。

> - 辺の長さを測ってみたけど，長方形とは言えない。でも，向かい合った辺の長さが等しいものがあるよ。
> - 大体長方形になっているよ。
> - 一部を切ってこっちに移して貼り付けると長方形か正方形になるよ。
> - 直角が四つあるのが長方形だよ。それは，直角がないよ。
> - 斜めのところがあるよ。
> - 長方形でもない，正方形でもない，斜めになっているよ。
> - 長方形の向かい合っている辺が，傾いているよ。
> - 辺が傾いて並んでいるね。
> - 四角形の中には，こういう形もあって，仲間になりそうだよ。

問題は平行四辺形でした。平行四辺形を特別な形としてとらえて、一つの仲間にしていったのですが、「垂直と平行」が未習のため、その特徴をとらえるのに苦労していました。しかし、子どもたちは、長方形との違いを次のようにとらえ、その表現を工夫していきました。

〈平行四辺形を工夫して表現した表れ〉
・もう少しで長方形になる。　　　・長方形が傾いている。
・斜めになっている長方形。
・斜めになっている部分を切って、反対側につなげれば長方形になる。
・向かい合った辺が斜めになっている。

なお、本時の終わりには、平行四辺形を「辺と辺の並び方に特徴がある四角形」であるというところに子どもたちの目が向いていきました。
こうして、単元の導入で四角形を仲間分けする活動を設定したことにより、辺や角の相当関係だけでなく、辺と辺の位置関係によって仲間分けできることに気付かせることができました。
子どもたちは、本時の学習を次のようにまとめていきました。子どもたちの中に「問い」が芽生え始めていました。

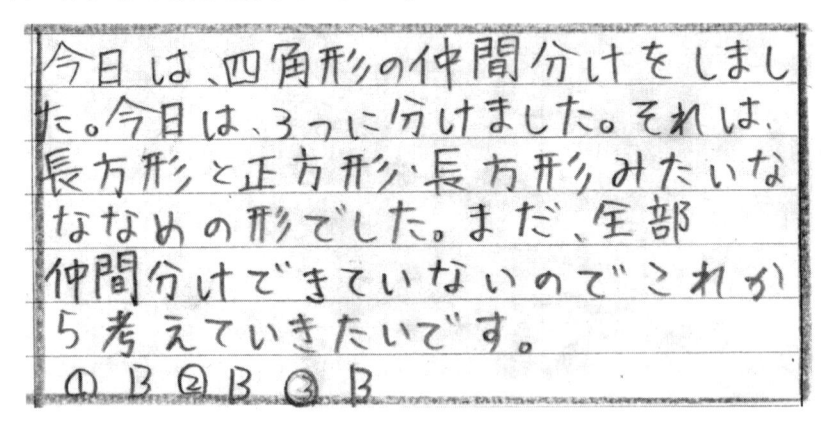

> 今日は、四角形の仲間分けをしました。今日は、3つに分けました。それは、長方形と正方形、長方形みたいなななめの形でした。まだ、全部仲間分けできていないのでこれから考えていきたいです。
> ①B ②B ③B

> ななめにかたむいている長方形もあったよ。ななめにかたむいている長方形に名前はあるのかな。あるんだったら知りたいな。
> ①A ②B ③A

### |3| 「問い」を生み出す（第3時：はてなカードを書こう）

　第3時では，子どもたちが漠然ととらえている辺と辺の位置関係について，前時で話題になった四角形を取り上げ，平行の定義を学習しました。また，正方形や長方形の隣り合った辺を取り上げて，垂直の定義も学習しました。

　その後で，「垂直と平行」，「四角形」について，「はてなカード」を書く時間を設けたところ，子どもたち2時間の学習を踏まえて，それぞれの「問い」を「はてなカード」に書いていきました。

　次は，それぞれが「問い」を書いた「はてなカード」を分類，整理していく活動です。子どもたちは，自分の書いた「はてなカード」を持って黒板に向かい，他の子どもの「はてなカード」と見比べながら同じようなもの，似ているものを，話し合いながら一つのグループとしてまとめる作業を始めました。

[「はてなカード」を分類，整理する子どもたち]

### ❷ 「問い」を共有し，学びの見通しを持つ
#### |1| 「問い」の共有を図る

　黒板の前に集まり，自他の「はてなカード」を見比べながら，そのグループ化を図っていく活動のねらいの一つは，「問い」の共有を図ることです。

一つ一つの「問い」は，それぞれの子どもから生まれてきたものですが，こうした活動を通して，「たくさんの人が自分と同じような『問い』を持っているんだ」とか「○○ちゃんの『問い』は，自分のとはぜんぜん違うけど，そんな『問い』もあるんだ，私も考えてみたい！」とか「この『問い』を出したのは△△くんだけだけど，これもみんなで考えようよ」といったやりとりが行われました。それは，一人ひとりの「問い」がみんなの「問い」になり，学級全体で「問い」を共有していこうとする姿でした。

| 2 | 学習の見通しを持つ

　「問い」のグループ化を図っていく活動のもう一つのねらいは，これからの「学習の見通し」を持つために，教師と子どもが一緒になって学習計画を立てていくことです。そのために，まず，グループ化した「問い」の群にネーミングをしていきます。その上で，どの群から学習を進めていくかを話し合います。

　この授業では，「教材との出会い」が四角形の分類であったため，子どもたちの「問い」として四角形の名称についての「問い」がたくさん出されました。しかし，子どもたちの関心事は，その先にありました。「斜めの長方形」や「ダイヤのような四角形」の名称も知りたいけれど，早くそれらの四角形を描いてみたいという思いが強かったようです。そのためには，出された「問い」をどんな順序で考えていけばよいかが問題になりました。

　「斜めの長方形」には平行な線があるから，まず「平行な線の描き方からやらなくては」とか，「斜めの長方形やダイヤのような四角形を描くには，その前に性質を調べなくてはいけないんじゃない」といった意見も出て，話し合いの結果，子どもたちは次に示すような「学習計画」をつくり上げていきました。

　自分たちの「問い」を整理，分類し，ネーミングしたものに順序付けたことで，この単元の「学習の見通し」を持つことができました。

　なお，この段階で，子どもの「問い」に基づいて作成された「学習計画」は，この単元の「学習を見通す」ためのものであり，学習内容の詳細をとらえさせるものではありません。学習の進行にともなって，次々と新たな「問い」や具体的な学習の見通しが生み出されていきます。

　実際，その後の学習では，定義や性質を使って平行四辺形の作図を行うと，「台形やひし形の作図も定義や性質を使えばできるのではないかな」という見通しを持ったり，「長さや角度が決められている平行四辺形はどうやって描けばい

いのかな？」,「ひし形の場合はどうかな？」といった「問い」が出されたりしました。

[子どもたちがつくった学習計画]

---

1. 垂直と平行
   ・平行な線には, どんな性質があるのかな。
   ・こういう２本の直線は, なんというのかな。 
   ・平行なら 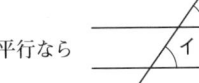　アイの角度はどうなるのかな。
   ・平行な線は, どうやって描くのかな。
2. いろいろな四角形の名前
   ・斜めの長方形は, 平行四辺形というのかな。
   ・斜めの長方形や斜めの正方形は, どんな名前かな。
   ・向かい合っている辺が平行の斜めの四角形はなんというのかな。
   ・ダイヤのような四角形はなんというのかな。
   ・垂直や平行が入っている四角形には, どんなものがあるかな。
3. いろいろな四角形の性質
   ・斜めの長方形には, どんな性質があるのかな。
   ・ダイヤのような四角形には, どんな性質があるのかな。
   ・四角形や三角形は, 生活のどんなところで使われているのかな。
4. いろいろな四角形の描き方
   ・斜めの長方形は, どうやって描くのかな。
   ・ダイヤのような四角形は, どうやって描くのかな。

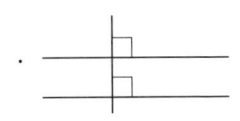

---

この単元の第10時〜12時で, 子どもたちは平行四辺形, 台形, ひし形の作図に嬉々として取り組み, 新たなツールを創り出していきました。この〈見通す〉段階で抱いた思いをかなえていきました。

(仁田淑子)

| 第3節 | 授業の実際（2）
－追求し，まとめる－　3年：たし算とひき算 |

　3年の単元「たし算とひき算」の学習では，主に次の二つのことがらを学習します。
　①3位数のたし算とひき算の計算の意味やその筆算の仕方を，2位数のたし算とひき算の計算を基にして考え，創り出すこと
　②1位数，2位数，3位数と次々に数が大きくなっても，同じ計算の仕方でたし算とひき算の計算ができるよさに気付くこと
　3位数のたし算やひき算が，2位数までと同じようにできると子どもたちが知ることは，様々な可能性を拓きます。例えば，数が4位数や5位数のように大きくなっても，同じように計算できるかなという可能性を感じることです。これは，整数のたし算やひき算が，形式不易の原理に従って次々に創り出されることを帰納的に導くことにつながります。また，3位数どうしのひき算を筆算で行うときに，2位数の場合と同じ手順（アルゴリズム）をたどればよいと考えることは，既習のことがらのうち似ていることを積極的に使おうという姿勢を高めます。これは，類比的推論を大切にした算数学習につながります。
　上記の①や②のことがらを子どもたちに体得してもらいたいと考え，次のような9授業時間の単元を計画し，実践しました。

> お買い物の場面から，2位数どうしのたし算，ひき算を暗算で計算すること，3位数どうしの計算の仕方について考え，議論する。

⬇

> これから学習していきたいこと，疑問に思うことを出し合い，これからの学習の見通しを持つ。

⬇

> 3位数どうしのたし算の意味やその計算の仕方について，考え，議論する。

⬇

> 3位数どうしのひき算の意味やその計算の仕方について，考え，議論する。

⬇

> 今までの学習を振り返りながら，さらに学習したいことを挙げる。

　本節では，「3位数どうしのひき算」の学習に焦点を当てます。

## ❶ 「問い」から学習課題を設定する －3位数どうしのひき算への着目－

　3年の単元「たし算とひき算」を学習する頃は，ちょうど村櫛小学校で遠足がある時期です。子どもたちは，遠足に行くことをとても楽しみにしていました。そこで，単元「たし算とひき算」の導入として，遠足に持っていくお菓子を買いに行く場面を取り上げました。はじめのうちは，十円玉を何枚か持つことで買うことのできる飴などのお菓子のことが話題になりました。その後，クッキーやポテトチップスなど，箱に入ったお菓子を買って遠足に持っていきたいという声が，子どもたちの中から出てきます。これらのお菓子は，十円玉何枚かでは，購入することができないものです。そこで，2種類のお菓子を買う場面について，考えを進めることにしました。2種類のお菓子の値段について，単元「たし算とひき算」の最初の段階では，教師側から金額を指定しました。子どもたちがそれぞれ金額を設定すると，話し合いがしにくくなってしまうと考えたためです。また，子どもたちがよくおやつに食べているお菓子の値段を提示しました。一方は318円のお菓子で，他方は225円のお菓子です。お菓子の箱を実際に見せると，「これおいしいんだよなあ」といった声が，出てきます。そうした初期段階の声が，だんだんと「318＋225はどのように計算したらよいのかな」という問いを発する声に変わってきます。

　遠足に早く行きたいな，遠足の時に持参するお菓子を買いたいな，という初期段階の関心から，「318＋225はどのように計算したらよいのかな」という算数の話題に関心が移ってきました。子どもたちは，当初，318＋225のたし算について「二つのお菓子の合計金額」という意味を抱いています。その後，「どのように計算したらよいのかな」についての考えが深まるにつれ，「3桁どうしの数のたし算である」，「百円玉3枚，十円玉1枚，一円玉8枚と百円玉2枚，十円玉2枚，一円玉5枚で買うことができるもの」，「一の位が繰り上がっていくたし算である」といった意味を持つようになっていきます。現実的な場面から，だんだんと算数の世界に思考と議論の中身が移っていきます。そして「どのように計算したらよいのかな」について，2年のときに学んだツールを使えばよいという意見が出てきます。そのツールとは，次のようなものです。

> 〈2年の「たし算とひき算」で共有したツール〉
> 筆算は，一の位から位ごとに計算する

「筆算は，一の位から位ごとに計算する」というツールが，3位数のたし算でも同じように使えるということに，子どもたちは気付きます。「なんだ，2年の時と同じようにやればいいのか」「そっか，右からたしていけばいいんだ」といった声が出てきました。

これらの学習を経て，子どもたちは，これから学習していきたいこと，疑問に思うことを次のように出しました。

〈これから学習をしたいこと〉
・もっと大きい数のたし算もできるのかな？
・くりあがりのある計算はどうしたら求められるのかな？
・筆算でもできるのかな？
・ひき算でもできるのかな？
・計算のたす順序はどこからでもいいのかな？

単元「たし算とひき算」の第4時までは，たし算の計算の意味や方法に焦点が当たります。例えば，第3時には387＋479（繰り上がりが2回のたし算），第4時には823＋435（千の位に繰り上がっていくたし算）が話題になりました。それぞれの時間の議論は，すべて子どもたちの挙げた「問い」を基にしています。ただし，数値が異なると，子どもたちの思考や議論が異なってしまいます。そこで，子どもたちの掲げた「問い」の趣旨を変えないように，3位数の数そのものは，教師の方から提示をしました。

単元「たし算とひき算」の第5時では，「ひき算でもできるのかな？」という「問い」に焦点を当てました。この「問い」の趣旨が，すべての子どもたちに伝わるように，「遠足の時に持っていくお菓子を買った後，お財布に残ったお金がいくらになるか」を考える場面を提示します。ただし，「ひき算でもできるのかな？」という子どもの「問い」は，授業の折々に関連付けるようにしました。さらに，数値を設定して次のような場面を提示しました。

〈子どもの問い「ひき算でもできるのかな？」を生かした場面設定〉
お財布に352円を入れて，225円のお菓子を買います。おつりはいくらになりますか？

この場面に対して，子どもたちは，学習のめあてをそれぞれノートに書きま

す。そして，学級全体で今日の授業でこれを解決したい，というめあてを話し合いました。そのめあては，次のもの（図1）でした。

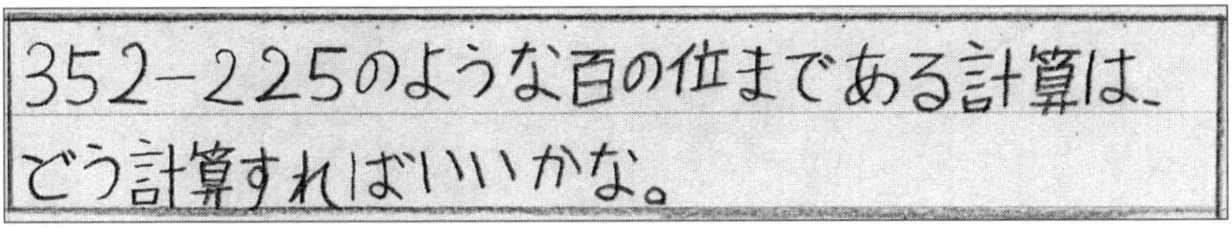

> 352－225のような百の位まである計算は，どう計算すればいいかな。

図1：「ひき算でもできるのかな？」の「問い」をきっかけにして生まれた学級全体の学習のめあて

「352－225のような百の位まである計算は，どう計算すればいいのかな」という学習課題が，「ひき算でもできるのかな？」という子どもの「問い」から生まれます。子どもたちが個々にノートに学習のめあてを書き，お互いのめあてを共有した後に，上記のめあてにみんなで追求したいことがらが集約されました。それゆえ，この学習のめあてを，「早く解決したいよ」という思いがそれぞれ強くなっていきます。自分なりの学習のめあてづくりの過程を経ることによって，子どもたちの学習意欲が高まっていました。

### ❷ 追求し，解決する
#### │1│課題を個々で追求する

子どもたちは，単元「たし算とひき算」の第4時までの学習を通して，次のツールを新たに創出しています。

〈知識・理解に関して創出したツール〉
（3位数）＋（3位数）の計算の意味とその筆算の仕方
〈数学的な考え方に関して創出したツール〉
・既習の（2位数）＋（2位数）の計算から，（3位数）＋（3位数）の答えの求め方や筆算の仕方を考えること
・数が大きくなっても，整数の加法は単位となる大きさに着目し，位をそろえて計算すれば1位数の計算になる（各位どうしの計算になる）と考えること

また，これらの創出したツールを生み出すために，既習の内容として活用したツールは次の通りでした。

〈知識・理解に関して活用したツール〉
・十進位取り記数法による数の表し方
・数の相対的な見方
・（2位数）＋（2位数）の計算の意味とその筆算の仕方
〈数学的な考えに関して活用したツール〉
・繰り上がりのある（1位数）＋（1位数）の計算について，10のまとまりをつくることで考えたことから，（2位数）＋（2位数）の答えの求め方や筆算の仕方を考えること

単元「たし算とひき算」の第5時において，「ひき算でもできるのかな？」という「問い」から，学級全体での学習課題「352－225のような百の位まである計算は，どう計算すればいいのかな」が生成されました。そして，この学習課題に取り組むために，同じような学習課題を考え，解決したときにどのような活動をしたのかを振り返りました。その典型が，単元「たし算とひき算」の第4時までに行っていた学習活動を，ことばを使って表現することです。
「たし算のときには，お金の図を使って考えていたよ」や「○（まる）の図を使えばできるよ」といった意見が発表されました。子どもたちにとっての3位数どうしのたし算の意味や方法に関わる意見です。子どもたちは，第4時までの自分自身の学習活動を振り返り，その活動を自分なりのことばで表現していました。これは，3位数どうしのたし算の学習において，活用したツールと創出したツールが何かを思い起こすことにつながります。さらに，子どもたちが自分の行為を，自分の言葉で言い表すことによって，「使えるものが何であり，何を示そうとしているのか」を強く意識することができます。自分の行為を振り返ることを経て，だんだんと，学習課題「352－225のような百の位まである計算は，どう計算すればいいのかな」に対する見通しを持ち，自分なりの考えや説明を持つようになりました。
例えば，Aさんは，図2のように，式でその計算の仕方の説明をしました。
Aさんは，3位数を各位ごとに分け，

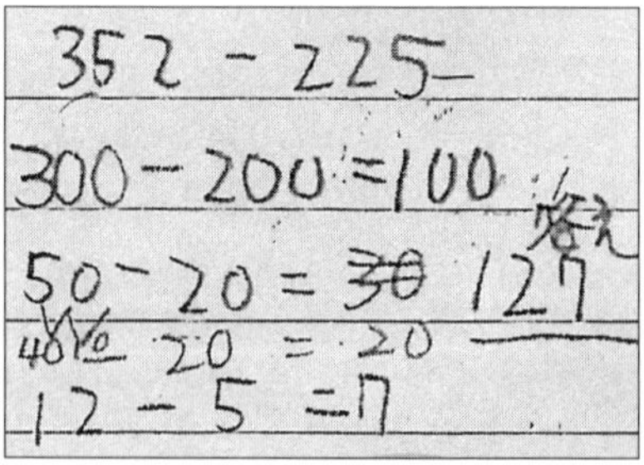

図2：式で説明する

各位ごとに計算しています。図2の2行目には式「300－200＝100」があります。これは，352－225の百の位どうしの計算を表しています。Aさんの説明の工夫は，3行目の式に見られます。Aさんは，十の位どうしの計算「50－20＝30」をいったん行っています。しかし，一の位の数の被減数と減数との大小関係を意識して，この計算を訂正しています。それは計算結果の30の部分に二重線が引かれ，その下に20と書かれていることからわかります。Aさんは，被減数50を40と10に分けて，繰り下げて一の位の計算を行っています。Aさんの説明からは，同じ位どうしの数に着目する引くことができなければ隣の位から数を繰り下げてくるという考えを読み取ることができます。

Bさんは，お金で説明をしています。「お財布に352円入れていて」という状況を，図3の上側に硬貨として描いています。352円については，百円玉3枚，五十円玉1枚，一円玉2枚で描かれています。さらに，硬貨の絵を置く場所について，位を意識しています。

続いて，図3の下側には，お菓子の代金225円が同じように硬貨で描かれています。「←225を引く」と書かれた線の上側が被減数，下側が減数の関係になっています。見方を変えれば，「←225を引く」を基準として上側が正の数，下側が負の数のようにも見えます。続いて，あたかも反数の関係にある部分を「引く」ということばと矢印で相殺しています。その行為の中で，「50円玉をくずして40円と10円をつくる」ことを行っています。表現の仕方は異なりますが，Aさんが50を40と10に分けたことに，この見方は相通じます。その後，127という計算結果を導いています。3位数どうしのひき算の筆算形式に通じる，素地が見えるような表現です。

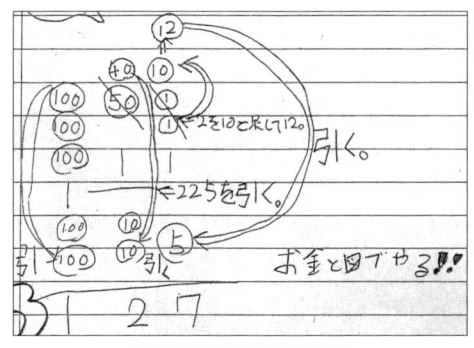

図3：お金で説明する

Aさん（図2）とBさん（図3）の方法の中間のような表現で，自分の考えを表した子どももいます。次頁のCさん（図4）が，その例です。

Cさんの方法は，基本的にBさんのお金による説明の方法と同じです。ただ

し，Bさんの説明において「ことばと矢印」で表現されていた部分が，「各位の数どうしのひき算と矢印」で表されています。表現の仕方が簡略化され，数学的な表現を用いようとする姿勢が見られます。

また，352－225の計算の仕方について，各位の数を○で表して説明したDさんの方法（図5）もあります。

Dさんは，まず352を百の位に○が三つ，十の位に○が五つ，一の位に○が二つと見ます。図5では被減数の一の部分にたくさんの○が見られます。

これは，十の位の○一つをくずして10個の一の位の○をつくっているためです。被減数の352を1行目に，減数の225を2行目に書き，上下で○を1対1に対応づけています。各位ごとに計算を行う，ひき算をすることは各位ごとに○を相殺することと同じ，という見方が見られます。

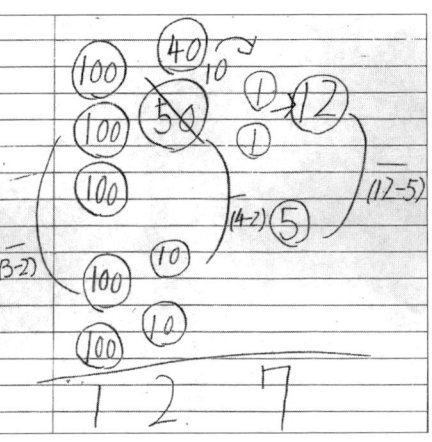

図4：手続きを式で表現する

図5：各位ごとのひき算を，○と1対1対応で表現する

## |2| 個と個の交流，全体交流を通して，学習課題を解決する

352－225の計算の仕方に関して子どもたち個々が自分の考えをノートにまとめた後，友だちと意見交換をする時間を設けました。私たちは，その時間帯を個と個の交流（相互交流）と呼んでいます。写真は，自分の考えを，

自分自身が記したノートを活用して他者に説明している様子です。他者に自分の考えを伝えることにより，自分の考えを整理することができたり，他者の考えのよさを知ったりすることができます。

続いて，学級全体で各自の考えを共有する場，全体交流に移ります。

全体交流では，Aさん，Bさん，Cさん，Dさんらの考えが次々に発表されました。それぞれの考えをみんなで共有していくことに伴い，「同じ位ごとに計算している」と「一の位から計算している」という2点が共通点として出てきました。また，単元「たし算とひき算」の第4時までに創出されたツール「(3位数)＋(3位数)の筆算の仕方」を，3位数どうしの引き算を考える上で「活用するツール」として使おうという動きも出てきます。「ひき算もたし算と同じように，筆算でやりたい」という子どもの声が，その典型です。そこで，Aさん，Bさん，Cさん，Dさんらの考えの共通点をさらにまとめながら，新しいツール「百の位があるひき算の筆算((3位数)－(3位数)の計算の意味と筆算の仕方)」(図6)を創出していくことになりました。

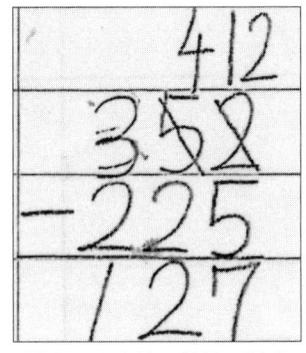

図6：ひき算の筆算の仕方

## |3| 単元「たし算とひき算」の第5時を振り返る

学習課題「352－225のような百の位まである計算は，どう計算すればいいのかな」についての思考や議論を経た後，この授業の中でわかったことや思ったことをノートに記すように指示しました。

Eさんは，図7のように「たし算の時と同じように同じ位どうしやればいいよ」と記述しています。Eさんのように，3位数のたし算の場合と比較対照した学習感想は数多く出ていました。

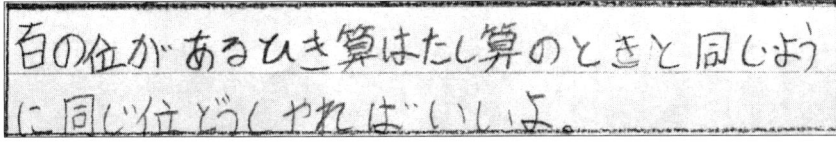

図7：Eさんの学習感想

また，Fさんは，図8のように「新たな問い」をノートに記しています。F

さんの記述にある「Wくり下がり」とは，例えば927－789のような，2段階の繰り下がりのあるひき算をさします。

> 百の位があるひき算は，たし算の時と同じように，ひっ算でやればできるよ。
> ひき算も一の位から計算すればいいよ。
> Wくり下がりの計算も同じなのかな。

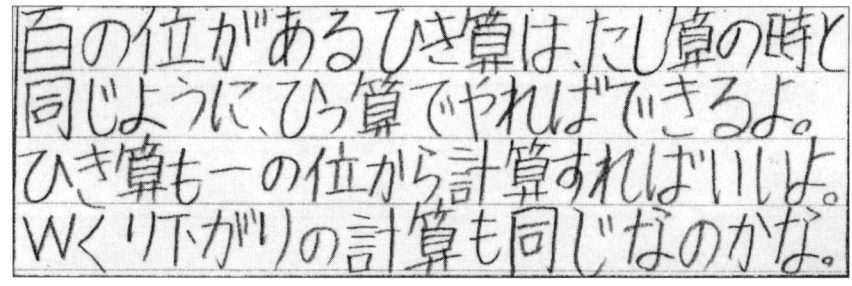

図8：Fさんの学習感想と生み出された「新たな問い」

Fさんの学習感想に見られる「ひき算も一の位から計算すればいいよ。Wくり下がりの計算も同じなのかな」は，子どもたちにとっても，授業者の私にとっても大変興味深い問いでした。そこで，単元「たし算とひき算」の第6時では，「Wくり下がりの計算も同じになるのかな」という「問い」を起点に，授業を進めていくことにしました。

### ❸ 振り返り，まとめる
－単元「たし算とひき算」で学習したことがらを振り返り，新たな可能性を拓く－

単元「たし算とひき算」の9授業時間全体を振り返り，子どもたちにわかったこと，これからさらに学びたいことを自由にノートに記させました。

例えば，次のように筆算の可能性を記した子どもがいます。

> 「数が大きくなっても，ひっ算をつかえばかんたんにできるよ。ひっ算はどんな位でも答えがでるよ。ひっ算は算数にとってもやくにたつよ。
> これからひっ算をいっぱいつかっていきたいです。次はどんな問題がでてくるか楽しみです」

また，3位数が4位数や5位数に変わった時に，そのたし算やひき算の計算の仕方はどうなるのか，3位数と同じように計算できるのかという「問い」を記した子どももいます。さらに，第5時におけるDさんの方法（図5）を使って，実際に4位数どうしのひき算の仕方をまとめた子どももいます。

こうした一連の学習を通して，既習のことがらから算数を創り出すおもしろさや形式不易の原理のよさを，子どもたちは実感していきました。（河野晃浩）

# 第4節 授業の実際（3）
－追求し，まとめる－　4年：わり算の筆算Ⅰ

## ❶ はじめに

　3年「わり算」の学習を踏まえて，この単元では，九九を1回使うだけでは商を求めることができない「わり算」の学習に入ります。それはまた「わり算」の筆算を考え，その能率的な手順を学習していく単元でもあります。

　わり算の筆算は，たし算，ひき算，かけ算の筆算といろいろと異なる点があります。「なぜ，他の筆算の形とちがうのか」，「なぜ，上の位から順に計算するのか」など，子どもたちにとっては非常に不思議であり，混乱を招きやすいところがあります。

　そのため，筆算による計算方法を教え込んでしまうことが多いようですが，筆者はむしろそうした教材の特性を生かして，学習の進行に伴いその都度子どもたちに「問い」を持たせ，その「問い」に取り組ませていく授業展開を構想しました。また，その中で筆算形式そのものを考えさせ，子どもたちがつくり上げていく学習活動を期待しました。

　なお，本校の算数学習は第1節において述べましたように，〈1．見通す〉，〈2．追求する〉，〈3．まとめる〉といった3段階のサイクルによって行われていますが，本節ではそのうちの第2段階に焦点を当て，その中でも特に「問いを追求する，問いを解決する」学習活動について詳細に述べていきます。

## ❷ 「問い」を持ち，学習課題を設定する

　第1時に，学校の中にあるわり算の場面から問題文を作らせ，それを式表示させ，さらに，それらを仲間分けすることによっておおまかな学習計画をつくりました。

　次の表は，子どもたちから出てきたわり算を仲間分けしたものです。

| | | |
|---|---|---|
| ・既習のわり算 | ・（何十）÷（何） | ・（2位数）÷（1位数） |
| ・（3位数）÷（1位数） | ・（何十）÷（何十） | |
| ・（3位数以上）÷（2位数以上） | | |

　この段階で子どもたちによってつくられた学習計画は，被除数や除数の桁の少ないものから多いものへと進んでいくといったものでした。同じ（2位数）÷（1位数）であっても繰り下がりのあるもの，ないものを区別し，学習順序を決めていくといったことはできませんでした。

筆者は，そこに子どもたちがぶつかる障壁があり，子どもたちが自然と「問い」を発するであろうと考えました。
　3時までの学習では，69÷3のような(2位数)÷(1位数)で各位がわりきれる計算の仕方を考えさせ，子どもたちは次のようなツールをつくり上げました。
「2桁÷1桁の計算は，わられる数を何十と何に分けて計算すればよい」
　また，その筆算の方法も考えさせました。子どもたちの中には，一般的な筆算の方法を知っている子もいましたが，他の方法も出てきました。

```
      23              23                69
   3)69            3)69             ÷  3
     60               9                 3
      9              60                20
      9              60                23
      0               0
```

　話し合いの結果，上の三つの筆算ならどれも「わられる数を何十と何に分けて計算できる」ということになりました。
　これはこれで一つの「追求」であり，「解決」でありました。しかしこの追求と解決は，子どもたちに「問い」を持たせることになりました。
　この学習の後，「では，68÷4を筆算でやってみよう」と投げかけました。この式を選んだ理由は，被除数を何十と何に分けたときに一の位をわることができるからです。72÷3のように一の位をわれない式では，必然的に「十の位からわれそうだ」と予想できてしまうからです。
　すると，「何十と何に分けて計算すればよい」と考えていた子どもたちは，「できると思います」と言って計算を始めました。しかし，少しすると，「あれ」，「おかしい」という声が上がってきました。そして，次のような「問い」を出してきました。
　・十の位から計算すると十の位にあまりが出てしまう筆算は，どのように計算するのかな。
　・十の位にあまりが出てしまう計算でも，何十と何に分けて計算することができるのかな。

### ❸ 追求し，解決する
|1| 「めあて」を書いて，解決方法の見通しを持つ
　子どもたちのつぶやきを拾って，「めあて」をつくるためのキーワードを板書しました。本校では，学年の発達段階に合わせて教師とともに「めあて」を

つくったり，キーワードを基につくったりしています。その後，「今日の『めあて』は何かな」と発問しました。すると，子どもたちは多少の文の違いはあるものの，各自で，

　　「何十と何に分けるとあまりが出るわり算は，どう計算するかな」
という「めあて」をノートへ書くことができました。ここで言うあまりとは，十の位の6÷4をすると2（本当は20）があまるという意味です。

「めあて」を書き終えた後，解決方法の見通しを持たせました。子どもたちから出てきた方法には，大別すると次のようなものがありました。

　　①筆算
　　②4×□＝68として□に当てはまる数を考える
　　③68を三つに分ける
　　④数字カードを使って考える

全体の場で見通しを持たせると，子どもたちがどのような解決方法で取り組もうとしているのかが把握できます。また，どの方法で解決しようとしているのか挙手をさせるとさらに把握しやすくなります。把握ができれば，すぐに個別指導に取りかかることができます。

「『めあて』を立てることはできたけれど，この後どう解決していけばよいのかがわからない」という子どももいます。子どもたちに見通しを発表させることで，そうした子どもたちも「あの方法なら，解決できそうだ」と考えることができ，自力解決をさせる上で大変有効な手立てです。

## ｜2｜自力解決をする

子どもたちは見通しを持った後で，自力解決に入りました。除法の筆算の正しいやり方はまだ知らないけれど，何とか筆算で求めてみようとする子，筆算では求められそうもないと考え，図を用いる子，除法の筆算の仕方を既に知っていて，それを友だちにわかりやすく説明しようとする子など，様々な子どもたちがいました。自力解決では，それぞれの子どもが今持っている力で解決できればよいと考えています。既に知っているのに知らないふりをする必要もありませんし，知らないことを恥ずかしがる必要もありません。塾で教えてもらっていたり，予習をしたりしてやり方を知っている子は，"友だちに伝えるために"そのやり方でできる理由を説明します。筆算では求められそうもないと考える子は，図に表したり，半具体物を操作したりします。それでよいと考えてい

ます。様々な表現方法をつないでいくことで,子どもたちの理解はより深まります。だから図の説明は必要ですし,被除数を三つに分けるという「数の操作」の考えも出てほしいし,さらに言えば正しいやり方の筆算も出てきてほしいのです。それらを全体交流の際につないでいくことが,教師の役割になります。

なお,自力解決の際に注意することが一つだけあります。それは,この後の全体交流で,すべての子どもが話し合いに参加できるかどうかです。自分の考えを持つことができれば,それで終わりではありません。それぞれの考えを基にして,全体で話し合い,新しいツールをつくり上げることをめざす学習では,その考えが全体の話し合いに参加していけるような考えでなければなりません。子どもたちに,そうしたことを求めていく必要があります。

## 3 全体で話し合いをする

自力解決の後,考え方が同じ子どもどうしが集まり,ホワイトボードに考えをまとめました。同じ考えの子でも,表現方法は多様です。それらを一つにまとめることで,表現方法がより洗練されたものになります。

授業では,主に次に示すような四つの考え方が出てきました。中には「かけ算を使って,4×□=6となるものを探した」という子どももいましたが,話し合いを通して6÷4=1と同じであることにまとまりました。

その際,ホワイトボードにネームプレートを貼らせます。子どもたち全員の意見が出されていることを実感させるためです。また,自力解決に時間がかかり,ホワイトボードを書く時にその場にいなかったとしても,後からネームプレートを貼らせます。このようにして,「自分も授業に参加しているのだ」,「クラス全員でつくり上げているのだ」ということを感じさせるようにしています。

この後,ホワイトボードに書かれた考えを基に話し合いました。

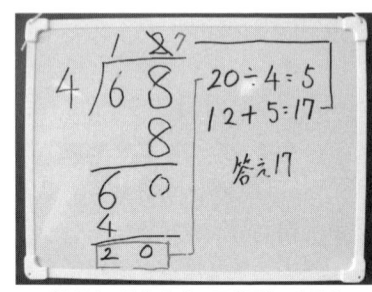

(12に5をたして17にする)

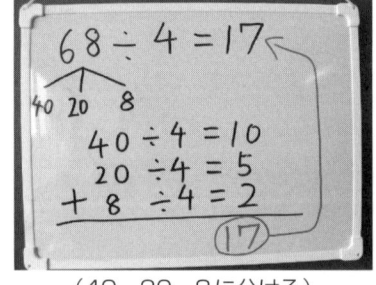

(40,20,8に分ける)

T ：似ている考え方は、どれかな。
C１：68をいくつかに分けているのが似ています。
C２：68を20・20・20・8に分けているのと、68を40・20・8に分けているのは、ほとんど同じだと思います。
T ：どのように分けると、「は・か・せ」かな。
C３：60と8に分けるとよいと思います。
T ：何十と何に分けるという考え方だね。
C４：40と28に分けるとよいと思います。
T ：40と28に分けると、よいことは何かな。
C５：20÷4, 8÷4とやるより、28÷4を計算した方が速いことです。

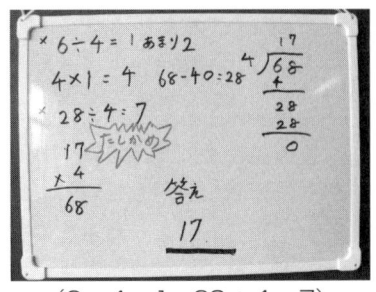

（6÷4＝1　28÷4＝7）

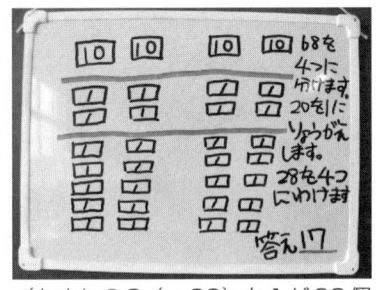

（あまりの2（＝20）を1が20個と考える）

このような話し合いを通して、子どもたちは被除数を40と28に分けて計算すると、商を速く求められることに気付きました。次の子どもの「まとめ」には、他の分け方と比較することで、40と28に分ける「よさ」が書かれていました。しかも、この子の中には、次なる「問い」も生まれてきています。

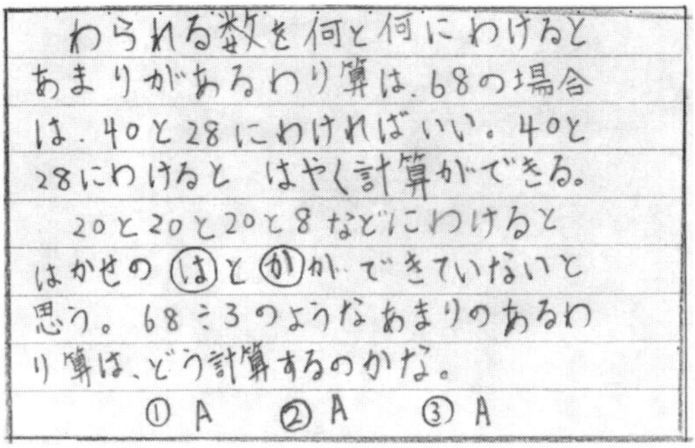

なお、「まとめ」の中に「は・か・せ」とあるのは、全体交流の際に示す視点の一つです。"は"は「はっきりと」や「はやく」を示し、"か"は「かんたんに」を、"せ"は「せいかくに」を示しています（静岡大学附属浜松小副校長　森下正巳

氏が提唱)。このまとめを書いた子どもは，20・20・20・8と分けるのは，正確ではあるけれど，速く簡単にはできないと考えているのです。

　ここでは，第3時までの学習で出された3種類の筆算の仕方についての話し合いも行われました。その結果，現在の日本で使われている右のような筆算の形がよいということにまとまりました。

```
      1 7
   ─────
4 ) 6 8
     4
   ─────
     2 8
     2 8
   ─────
       0
```

## |4| 新たなツールをつくる

　次時には，それまでにつくり上げ，カードに書いてあったツールが「わられる数を何十と何に分ければよい」であったため，そのツール書きかえが行われました。

T：今までは，「わられる数を何十と何に分ければよい」だったけれど，これでは時間がかかるんだよね。このカードはどうしようか。
C：新しくした方がいい。
T：今までのカードの裏に新しく書くよ。何に書きかえるとよさそうかな。
C：「わり算の筆算は十の位から計算する」です。
T：必ず十の位から計算しないと答えは出ないのかな。
C：答えは出ます。でも，十の位から計算する方がよいと思います。
T：十の位から計算する方が速いということだね。

　このようなやりとりを通して，「わられる数を何十と何に分ければよい」と書いてあったカードを「十の位から計算すると速い」に書きかえました。

| わり算の筆算は，わられる数を何十と何に分ければいい | 裏に書く ⇒ | わり算の筆算は十の位から計算すると　はやい |

　また，十の位から計算して，あまった数を一の位の数と合わせて計算することから，子どもたちはこの作業に「りょうがえ」と名前を付けました。

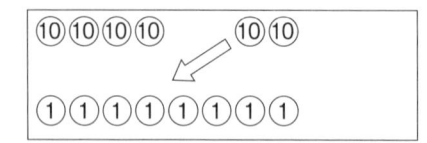

⑩が6個あり，4でわる。
6÷4＝1　あまり2
あまった2個の⑩を①に両替する。

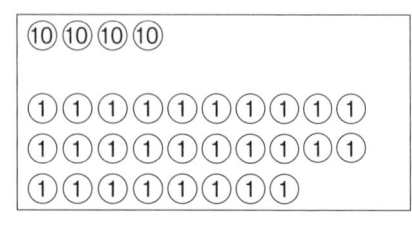

28÷4＝7

130

この後，十の位から計算する筆算に慣れるために練習問題を数問行い，定着を図りました。

### ❹ 振り返り，まとめる

学習の終わりに「今日のまとめ」を書かせます。「まとめ」には，次のことを書く約束をしています。

①「めあて」に対する答え，または，授業でわかったこと
②新しい「はてな」，または感想
③自己評価「①意欲的に取り組んだ　②わかりやすく表現した　③理解できた」

子どもたちは，授業を通して考えたことや思ったことを上記のことを踏まえた上で，自由に書いてきます。それに対して，教師がペンでコメントを入れています。算数ノートを使って，子どもと交換日記をしているような感覚で行っています。

次の子どもの「まとめ」からは，除法の筆算が，他の筆算と違って，なぜ上の位から順に計算するのかがよく理解できた様子が読み取れます。

> 何十と何にわけるとあまりがあるわり算は，どう計算すればいいかとわり算の筆算で，(十の位から)計算すればはやくできると，分かりました。でも一の位からでもできるけどあまり早くありません。だから，これからは十の位から計算するように決めました。
> ①A ②A ③A

除法の筆算の手順は教え込んでしまうことが多いように思われますが，このように子どもたちに「問い」を持たせ，その「問い」を生かした授業を行うことによって，除法の筆算の手順でさえもつくり上げることができると考えています。

また，「3桁だったら，百の位から計算すればいいのかな」と（2位数）÷（1位数）でつくり上げたことから類推して（3位数）÷（1位数）のやり方を考えていく子もいました。

> 今日分かったことは一の位からやるんじゃなくて，十の位から計算するとはやくできると分かったよ。もし3ケタだったら百の位から計算すればいいのかな。
> ①B ②B ③B

まとめを書いた後に，数人の子どもに発表をさせています。ここで紹介したように，素晴らしい考えをしている子どもを意図的に指名することもあります。また，授業時間内に発表させられなかった，よい表れは，次時の最初に紹介をしてクラス全体に考えを広めています。
　（2位数）÷（1位数）の学習を通して，子どもたちは除法の筆算は十の位から計算し，残った数は一の位の数と合わせる（子どもたちの言葉では"りょうがえ"する）ことをつくり上げました。また，この学習を生かして，（3位数）÷（1位数）も被除数が2位数の時と同様に上の位から計算し，一つ下の位に"りょうがえ"していけばよいことをつくり上げました。
　こうした学習の後，問題練習の時間を1時間とって知識・技能の定着を図りました。そして，最後の時間には，個に応じた指導を行うために，コース別学習を設定しました。コースは「スピードコース」と「ビッグコース」の2コースを用意しました。
　「スピードコース」は，除法の計算を確実に使えるツールにするとともに，より速く計算できることをめざし，練習を行うコースとしました。
　「ビッグコース」は，被除数が2位数の時と3位数の時につくり上げた「上の位から計算し，一つ下の位に"りょうがえ"していけばよいこと」を生かして，4・5桁の除法の仕方について考えるコースとしました。被除数の桁数を増やし，既習のツールが活用できる場面をさらに増やすことで，「上の位から計算し，一つ下の位に"りょうがえ"していけばよい」ことをより深く理解できるだろうと考えました。

| 1 | スピードコース

　最初に4問の除法の問題を行い，タイムを測定しました。これは，授業の最後にもう一度，問題を行い，タイムが速くなったことを実感させたいと考えたからです。少人数（8人）だったため，子どもたちは練習問題の中でわからない問題があるときは，すぐに友だちや教師に聞くことができました。ほとんどの子が，最後の問題では4問の計算を解くタイムが速くなったり，正答率が上がっていたりして，力を伸ばすことができました。

| 2 | ビッグコース

　はじめに，6735÷3の計算の仕方を全員で考えました。子どもたちは既習のツール「わり算の筆算は，上の位から順に計算すれば速くできる」，「位ごと

の計算であまった数は一つ下の位の数と合わせて考える（りょうがえ）」ことなどを活用し，商を求めることができました。また，筆算と図を一致させることも重要であると考え，図で表すことも伝えました。

その後は，自分の好きな数で計算してみるように話しました。子どもたちは既習のツールを活用し，意欲的に取り組みました。

これらの活動を通して，子どもたちは「わられる数が大きくなっても，やり方は今までと同じ」であることに気付くことができました。

形と計算方法を教え込んでしまいがちなわり算の筆算でも，子どもに「問い」を持たせ，その「問い」を生かしながら学習を進めることによって，子どもたち自らがつくり上げる授業を行うことができたと考えています。発展として扱った（4位数）÷（1位数）の学習を通して，（2・3位数）÷（1位数）の計算の手順をより定着させることもできました。

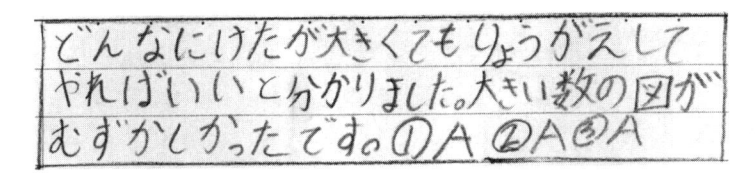

> どんなにけたが大きくてもりょうがえしてやればいいと分かりました。大きい数の図がむずかしかったです。①A ②A ③A

「問い」は自らの内にある既習のツールの選択と，その活用を促します。本単元は，四則計算最後の筆算の学習であるため，既習のツールや既習の数学的な考え方を数多く活用できる単元であり，新たなツールを創出する力の育成とともに，ツールを活用する力を培っていくためにふさわしい単元でもありました。

（太田健太郎）

## おわりに

　本章では，第2章第3節における本校の学校研究や校内研修についての記述を受けて，本校における算数授業の実際を紹介しました。

　私たちの授業実践の基には，第1節で述べたような「学び合い，問い続ける算数学習」をめざした授業構成・展開の基本的な枠組みがありました。それを全教員が共有し，時に議論し，互いに検証し合いながら日々の授業を行ってきました。

　第2，3，4節で，その一端を記しましたが，まだまだ多くの問題点を残しています。私たちがめざしている授業を十二分に実現したものであるとはいい難いものです。また，子どもたちの生き生きとした学習活動の実相を余すところなく伝えることもできませんでした。

　しかし私たちは，試行錯誤しつつも，長年にわたり全員でこうした授業を積み重ねてきました。低学年から中学年へ，そして高学年へとつながり，高まっていくことを期し，すべての学年でこうした授業を行ってきました。

　その結果，私たちは，それなりの成果を得ることができました。その主たるものを記します。次のような子どもの姿を見ることができるようになったのです。

①「問い」を軸に学習を進めることで，主体的な学びへ

　低学年から段階に合わせた指導を行うことで，子どもたちは算数科の学習として本質に迫るような「問い」を生み出すことができるようになってきました。そして，そうした「問い」をできる限り生かし，単元の学習を構成していくことで，子どもにとって課題が自分ごととなり，課題解決へ向けての意欲の高まりが見えるようになりました。

　また，本時の学習を振り返る中で，「では，○○はどうなるのかな」，「今日の考え方は，○○にも使えるのかな」等，学習した内容を発展させた新たな「問い」を見い出すこともできるようになってきました。「問う」ことが，子どもたちの学習への期待感を高め，主体的な学びにつながっていきました。

②学級として「算数をつくり上げる」ことへの意識

　一人ひとりの「問い」を学級全体で共有することで，「問い」を全員のものとして受けとめるようになりました。その「問い」を解決していこうと学級全

体が同じ意識で取り組んでいくようになりました。交流の場面では，自分なりの表現方法を用いて，「考えをわかりやすく伝えよう」という意識も見られるようになりました。さらには，つくり上げる過程に一人ひとりが関わっていることで，みんなでつくり上げたものに学級の財産としての価値を見い出し，つくり上げた喜びを味わおうとする意識が高まってきました。

③ツールとなる「学力」の定着

「問い」が生み出されても，それを解決するための「知識・技能」や「数学的な考え方」が定着していなければ「問い」の解決にはつながりません。「ツール」としての「知識・技能」や「解決につながる数学的なアイディア」を意識することで，解決していく過程で「どのツールを活用しているか」と考えるようになってきました。また，授業の中で類題に取り組んだり，単元末には子どもたちの「問い」を基にした発展的な内容を扱ったりしたことが，子どもたちの「ツール」の定着にもつながっていきました。

④算数科の学習からの発展

「問い」を軸に「学び合い，問い続ける学習」を展開することは，「ツール」となる「学力」を磨くことだけをめざしたものではありません。それを「活用」して，算数科において，子どもの人間形成に大きな役割を果たすであろう五つの「学び合う『学力』」を高めることを希求したものです。

本校は，算数教育に重点を置き，その研究に多くの時間と精力を注いでおりますが，こうした「学び合い，問い続ける学習」によって育まれた「学力」に対する考え方，さらには「学ぶ」ことの意義や価値に対する意識や態度は，算数科の学習に留まらず，徐々に他の教科の学習においても見られるようになってきました。

私たちは，今後も，こうした学習を実現させる授業を継続していきたいと考えております。それが子どもたちの「生きる力」を培うことにつながっていくであろうことを願い，信じております。

# 第4章

# 子どもの「問い」を軸とした算数学習の試み

## 第1節　「問い」を生み出す力を高める算数学習

### ❶ 「問い」を生み出す力と課題設定

#### |1| 学習への主体性と学力

　現在，子どもの学力の向上が社会から強く求められています。学力のとらえ方には，様々な考え方が存在します。しかし，学力を高めていくには，まず学習に対する子どもの主体性が必要なことは論を待たないでしょう。学習への主体性は子どもの「なぜ○○なのだろう」，「○○について知りたいな」等と素朴に疑問を持つ「問い」から生まれてきます。そして，その「問い」から課題が設定されることによって，子どもの学習に課題解決への主体性が生まれます。つまり，「問い」を基に課題設定を行うことは，学力を育成する上で非常に重要なスタートラインであると言えるのではないでしょうか。

　本節では，問題と課題について以下のように区別して使用していきます。

> 問題…学習導入時の文章題やゲーム性のある算数的活動等の<u>教師が提示したもの</u>
> 課題…問題から感じた「問い」を基に，本時の学習のめあてであると<u>子どもが感じたもの</u>

#### |2| 課題設定でめざす子どもの姿

　授業では，教師が提示する問題から子どもたちは様々な「問い」を持ちます。子どもたちは，その「問い」から自由に発想しながら，教師と対話したり，学級で話し合ったりして，その問題の中でどこまでが既習の内容で，どこからが分からないのかを言葉等で表現し始めます。これが課題設定の始まりです。このように，はじめは感覚的にとらえたり，まだ漠然としたりしている「問い」をさらに一歩成長させ，学級全体で話し合うことによって，本時で何が越えるべき障壁かを明確にすることが，算数科における課題設定であると考えます。つまり，課題設定時におけるめざすべき子どもの姿は，「本時で乗り越えるべき障壁の存在に気付き，自分の言葉でノートに課題を書く姿」と言えます。

#### |3| 本節の役割

　「問い」を基にした課題設定が学力育成の上から重要であること，そして，そこでのめざすべき子どもの姿がどのようなものであるかについて述べました。

本節では，これらの考え方を基に実際の算数科の授業において，どのような手立てを講じれば，子どもが問題から「問い」を見い出し，課題設定へと結び付けていくことができるかを具体的に示していきます。

### ❷ 子どもの「問い」を課題設定につなげる手立て
│１│「問い」を生み出す手立て

　子どもの「問い」はただ待っていても生まれてきません。「問い」を生み出すには，算数科の授業導入時に提示する問題で，子どもの心を揺さぶる必要があります。中原(1999)は，「学習の導入において子どもの主体性を重視するとともに，子どもたちの関心意欲を高め，子どもたちの意識化が可能となるように導入題の工夫をいろいろと試みている」と述べ，導入題を方法的な面と内容的な面から工夫・開発しています。本節における授業事例でも，この中原の考え方を基に導入時の問題設定について方法的な面からの工夫，内容的な面からの工夫の２点に着目しました。その着目の視点とその要点を以下の│２│，│３│に示します。

　なお，導入時の問題設定を工夫する目的は，１単位時間の学習の本質につながる「問い」を連鎖的に生み出すことです。

│２│問題設定の方法的な面からの工夫
①問題づくり活動

　教師から提示する問題を単に解くだけでは「問い」は生まれにくいでしょう。そこで学習する問題を子どもたちがつくっていく活動に着目しました。子ども自身がつくった問題なので，当然，学習意欲は高まり，「問い」が生まれやすくなってくるでしょう。具体例としては，文章題の必要な箇所を未知数として示し，その未知数に任意の数を入れて自分のオリジナルの問題を作る問題づくりの活動や条件不足の問題の利用等が考えられます。

②作業的・体験的な活動

　算数の学習に，「教室の中で鉛筆と紙を使って問題を解く」というイメージを持っている子どもは多いと思われます。鉛筆と紙だけの算数学習ではなく，実際に作業や体験をしたり，時には教室から外に出たりすることによって，学習意欲を高め，子どもが「問い」を生み出せるようにしていきます。具体例としては，１㎥の立体やジオボードでの形作り等の作業的な活動や，校舎の長さや階段の角度を測る体験的な活動が考えられます。

③学習具・具体物を用いた活動

　学習具や具体物は，学習の本質に比較的容易に到達することができるだけでなく，導入時に効果的に用いることによって，学習の本質につながる「問い」を生み出しやすくします。具体例としては，パターンブロック等の市販の教具利用やストローを用いた手製の教具利用，実際の具体的な物の利用等が考えられます。

④クイズやゲーム性のある活動

　元来，クイズやゲーム等の活動を子どもたちは非常によく好みます。この性質を利用して子どもの意欲を高め，学習の本質につながる「問い」を生み出せるようにしていきます。具体的には「生活班対抗〇〇大会」等の活用が考えられます。

| 3 | 問題設定の内容的な面からの工夫

①前時の学習での「問い」から発展した活動

　筆者の学級では，1単位時間の学習終了時に，学習感想を書くようにしています。学習感想には，本時の学習を終えて，まだ納得がいかない点を「問い」として書いたり，本時の学習を基に生まれた新たな「問い」等を書いたりしています。この新たな「問い」の中には，次時以降の学習内容につながるものが数多く存在しています。それらの新たな「問い」を次時以降の学習導入時に活用していきます。一人の子どもが書いた「問い」を学習導入時に活用することは，「このような「問い」は，クラス全員で学習するのにふさわしい「問い」なんだ」と子どもたちに「問い」の価値を意識させることになります。このことは，学習感想に新たな「問い」を書くことの意欲化にもつながってきます。

　なお，学習感想のくわしい書き方については，次ページの「| 5 | 学習感想の活用」において述べます。

②オープンエンドの活動

　オープンエンドアプローチについて，島田（1995）は「正答がいく通りにも可能になるように条件付けた問題」としています。本節では，解き方も正答も複数ある問題に取り組む学習のことをオープンエンドの活動とします。オープンエンドの活動は，解き方も正答も複数あることから，意欲を持って多くの子どもが問題を解決する喜びを味わうことができ，それにともなって多くの「問い」も同時に生まれてきます。

③知的好奇心を高めたり，意外性があったりする活動

　知的好奇心を高める問題は，子どもの実態に根ざしており，子どもたちがふだんから興味のある事象や毎日の生活の中によく見られる事象を問題とすることが重要です。知的好奇心を高めることは，学習意欲の高まりにも当然つながり，「問い」も数多く生まれてくるでしょう。また，子どもの思考と問題の間にずれを作り，問題に意外性を持たせる活動も子どもの知的好奇心を高めます。意外性のある場面に出会ったり，適度な困難性のある問題に出会ったりすることによって，子どもの知的好奇心は高まり，「問い」を生み出すことができるでしょう。

④実用性のある活動

　算数で学習した内容を他の教科や領域に横断的に活用できるように配慮したり，他の教科や領域で学習した内容を算数の授業で用いたりすることで，学習意欲を高め，「問い」を生み出せるようにします。総合的な学習の時間の中に，算数科の学習を位置付けておく等の年間を見通した学習計画が必要となってきます。

| 4 | 導入時の練習問題の設定

　導入時に練習問題として，前時で学習した問題を2，3問行うことも，子どもの「問い」を課題設定につなげる手立てとして有効です。まず既習の練習問題を2，3問行うことによって，前時までの内容がきちんと身に付いているかを確認します。確認後，本時の学習内容の問題を1題提示します。すると，教室中から「あれ？」という声や表情が出てきます。それらをすかさず拾い集め，学級全体で何が「あれ？」なのかを確認することで，個人の「問い」を学級全体で共有し，課題に高めていきます。

　大切なことは，「あれ？」という子どものつぶやきや表情を見逃さないために教師が子どもの声を全力で聞くこと，個人の「問い」を学級全体で共有することです。学級の中には，本時の学習内容も短時間にスムーズに解決できてしまう子がいます。しかし，そのような子どもにも，「なるほど，今日の学習はこのことを学習するんだな」という本時の学習の目的意識を課題設定の話し合いの後に持たせることが重要です。

| 5 | 学習感想の活用

　学習後にノートに書かれた学習感想を活用することも子どもの「問い」を課

題設定につなげる手立てとして有効です。筆者の学級では，子どもが学習感想を書く際に，以下の三つの視点から書くように指導しています。

> 視点①　課題に対する答え
> 視点②　考えのよさ
> 視点③　新たな「問い」もしくは感想

　視点①の課題は，問題から感じた「問い」を学級全体で話し合うことによって設定しています。そのため，どの時間の学習でも「割合とパーセントはどんな関係があるのかな」，「ひき算かたし算かわからないときはどうすればいいのかな」のように，子どもが課題の文末表現を疑問文で書くようにしています。学習感想では，本時の学習でわかった課題に対する答えを記述するので，子どもにとっては，最も書きやすい項目です。

　視点②では，本時の学習の中で課題解決に役立ったと子どもが感じた考えを子ども自身が記述します。簡潔性や明瞭性，一般性等の本時で学習した算数の本質について記述したり，それらの本質にたどり着くまでに用いた数学的な考え方を記述したりします。

　視点③では，1時間の学習の中でまだ納得できない「問い」や学習を終えてさらに疑問に思った「問い」を子ども自身が記述します。もし，何も「問い」が浮かばなかったら，学習を終えての感想を書きます。

　算数ノートは教師が毎時間チェックし，次時以降の指導計画や評価に役立てるとともに，学習感想に赤ペンで返答を行い，学習内容の定着を図ったり，子どもの「問い」を価値付けたりしています。ノート上で赤ペンを入れる基本方針は以下の通りです。

> - 視点①の記述が不十分ならば書き加える。
> - 視点②の内容が書けていたら褒め，その考えのよさを価値付ける。
> - 新たな「問い」の内容が，単元内の学習内容であるならば，「やってみようね。」等と意欲を増大させるようなコメントを書く。
> - 新たな「問い」の内容が，異単元や上学年の学習内容であったならば，その「問い」を生み出したことに対して褒める。

このノート指導を継続することは，教師にとってかなりの労力を要しますが，高学年になって初めて学習感想を書く子どもたちでも，半年後には確実に三つの視点について書けるようになってきます。継続的にノート指導を行うことで，自らの「問い」を書く力は確実に高まり，課題設定につなげることができるようになります。

### ❸ 実践事例
#### |１| ５年：「小数のわり算」

　５年生の「小数のわり算」の学習後に，発展的な学習として「7.2÷□」のような問題づくりの活動を設定しました。この活動の課題設定までの流れを「授業記録（１）」に示します。なお，その中の「手立て」とは，子どもの「問い」を課題設定につなげる具体的な手立てのことです。

〈授業記録（１）「7.2÷□」の問題づくりの活動〉

| 発言者 | ○子どもの発言　●教師の発言　◇教師の動き　手立て |
|---|---|
| T | ●今日はこの問題をやってみましょう。 |
|  | ◇「7.2÷□」を提示する。　　　　　　　手立て① |
| C１ | ○わかるわけないよ。 |
| T | ●どうすればわかるかな。 |
| C２ | ○□のところが足らないんだよ。 |
| T | ●じゃあ，みんなで問題をつくろう。〜子どもは問題をつくり，黒板に貼る。〜 |
|  | 〈子どもがつくった問題の例〉<br>・7.2÷5.5　・7.2÷0.48　・7.2÷5.16　・7.2÷563.4　・7.2÷0.0257<br>・7.2÷7.777　・7.2÷0.1225　・7.2÷1.2345　・7.2÷0.120117　など |
| T | ●問題ができたらどうしようか。 |
| C３ | ○仲間分けをしよう。 |
| T | ●もう今すぐ解けそうな問題はありますか。 |
| C４ | ○たくさん数がなければできるよ。 |
| T | ●今の事を誰かもう少しくわしく言えるかな。今までどんな問題をやったかな。 |
| C５ | ○（小数）÷（小数）です。 |
| T | ●どんな（小数）÷（小数）だったかな。 |
| C６ | ○小数点より右の数が一つまでの問題です。 |
| T | ●じゃあこの問題の中で，今までやった問題はどれだろう。 |
|  | ◇子どもと話し合いながら仲間分けする。 |

| T | ●この難しい問題はどうしようか。 |
| C7 | ○電卓や筆算でやってみよう。 |
| C8 | ○頭が痛くなってきた。 |
| T | ●どれを見ると頭が痛いのかな。 |
| C9 | ○7.2÷0.120117です。 |
| T | ●つらそうだね。やるならどれをやりたい？ |
| C10 | ○7.2÷0.48 |
| T | ●S男さんの昨日のまとめにこんな感想があったよ。読んでください。 |
| S男 | ○「(10分の1の位まである小数)÷(100分の1の位まである小数)の計算はどうやったらいいのかな」です。 |
| T | ●今日のめあてを書いてみよう。 |

（手立て②）

　この実践では，方法的な面からの工夫として，問題づくり活動，内容的な面からの工夫として，前時の学習での「問い」から発展した活動，オープンエンドの活動の三つの手立てを用いています。

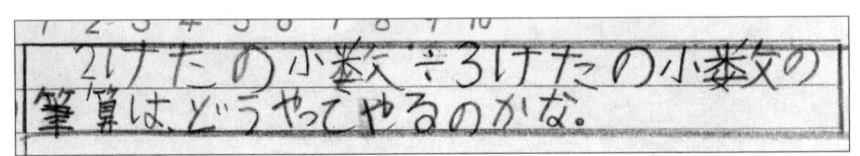

［子どもの立てた実際の課題］

　「手立て①」では，問題づくり活動を用いて子どもの学習意欲を高めています。そして，子どもたちがつくった問題を分類することで「問い」を生み出させています。この分類の活動は，既習の内容を確認するとともに本時で乗り越えるべき障壁の存在に気付かせる効果を持っており，課題設定に直接つながる手立てとなっています。

　「手立て②」では，本時で乗り越えるべき障壁の存在に気付き始めている子どもに，言葉で直接その障壁を明示しています。このS男の言葉（「授業記録(1)」）により，本時の課題が明確になっています。

　S男のように自分の「問い」が活用された子どもは，さらに価値のある「問い」を学習感想に書こうとします。それを見ている他の子どもも，積極的に「問い」を学習感想に書こうとし始めます（ここで述べた価値ある「問い」とは，教師が1単位時間の学習でめざす算数の本質につながる「問い」をさしていま

す)。

## 2 2年:「どんな計算になるのかな」(たし算とひき算)

　2年生にとって立式が難しい逆思考問題での実践を紹介します。この実践では，生活科でのさつまいもの収穫の様子を単元全体の問題として設定し学習を進めました。この活動の課題設定までの流れを以下の授業記録(2)に示します。

〈授業記録(2)　さつまいも収穫の問題での課題設定までの様子〉

| 発言者 | ○子どもの発言　●教師の発言　◆教師の動き　手立て |
|---|---|
| T | ● 今日もさつまいもの問題です。　　【手立て③】 |
| C1 | ○ えー，またた。だれが出てくるかな。 |
|  | ◇ 問題文を1行ずつ黒板に貼る。 |
|  | 〈問題文〉Hさんはさつまいもを何個か掘りました。Tさんが8個持ってきたので，全部で25個になりました。<br>はじめに，さつまいもを何個掘ったでしょうか。 |
| C2 | ○ 25－8だ。 |
| C3 | ○ 「全部で…」，たし算だ。 |
| T | ● 今日の問題はどうすればいいのかな。　【手立て④】 |
| C4 | ○ ひき算。 |
| T | ● たし算と言った人もいたよ。 |
| C5 | ○ キズネール棒で考えます。 |
| C6 | ○ 確かめのたし算をやります。 |
| T | ● 今たし算と言ったよね。ところでこの問題は何算かな。 |
| C7 | ○ ひき算。 |
| T | ● 本当にひき算かな。　【手立て⑤】 |
| C8 | ○ たし算でもできるよ。 |
| C9 | ○ あれ。どっちだろう。 |
| T | ● 問題を全員で読んでみよう。 |
|  | ～問題文を全員で読む～ |
| C10 | ○ 「全部で」とあるからたし算です。 |
| C11 | ○ どっちでもできます。 |
| T | ● じゃあ，今日のめあてはどうしようか。 |
| C12 | ○ 「ひき算かたし算かわからないときはどうすればいいのかな」です。 |
|  | ◆ 本時の学級の課題「ひき算かたし算かわからないときはどうすればいいのかな」を子どもとともに板書する。 |

この実践では，方法的な面からの工夫として，学習具・具体物を用いた活動，内容的な面からの工夫として，知的好奇心を高めたり，意外性があったりする活動，実用性のある活動の三つの手立てを用いています。

　「手立て③」では，子どもたちのさつまいもの収穫経験を基に，問題設定を行っています。現実味や必要感のある問題設定は，子どもの学習意欲を高め，「問い」を生み出させるのに効果的であると考えます。

　「手立て④」では，問題解決の見通しをもたせることで，学習具の利用を促しています。ここでは，キズネール棒を用いて加法逆減法の場面を表すことで学習意欲を高め，「全体－部分＝残りの部分」という本時の本質につながる「問い」を生まれやすくしています。このように，本時の本質につながる「問い」を生み出させることは，授業後半部で課題に対する答えを学級全体で考え，高め合っていく学習で大きな力を発揮することになります。

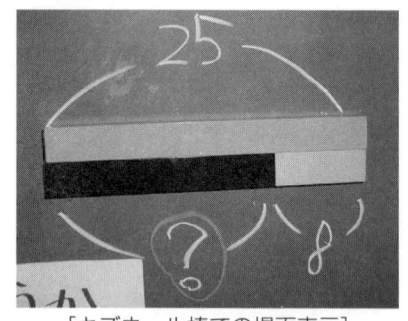

［キズネール棒での場面表示］

　「手立て⑤」では「本当にひき算かな」と教師があえて発言することによって，学級内にずれを生じさせています。ここでは，2種類のずれが生じています。一つは，C9の子どもの言葉（「授業記録(2)」）に表されているように，加法か減法かを迷うずれです。もう一つは，C10とC11の表れに見られるように，教室内の子どもの思考のずれです。思考のずれの種類は違うけれども，どちらの種類のずれも「問い」を生み出すこと，課題を設定することに大きな力を発揮します。このようなずれの状況を1単位時間の導入時に意図的に設定していくことは，課題設定にとって重要です。

### 3　学習感想の実際

　5年生の学習感想を三例，以下に示します。どの学習感想も ❷｜5｜で述べた三つの視点を基にして書かれています。どれも「視点①　課題に対する答え」をはじめの一文で書いています。この一文で本時の学習内容が理解できたかが容易に評価できます。そして「視点②　考えのよさ」，「視点③　新たな「問い」もしくは感想」では，新たに算数をつくり出すエッセンスが見つけられる

ことが多々あります。

また「学習感想①」の文末にある①，②，③の数字と記号は簡単な自己評価です。自己評価の視点は，①学習へ主体的に参加したか，②友だちと考えを交流することができたか，③学習内容が理解できたかの三点です。

---

小数を$\frac{1}{100}$や100倍するには小数点を右にずらすと$\frac{1}{100}$になって，小数点を左にずらすと100倍になる。「？」の位は$\frac{1}{1000}$の位や，$\frac{1}{10000}$の位だと思った。10000倍のときも小数点をずらすのかな。みんな今日はたくさん発表してよかった。　①A　②A　③A

〈学習感想①　5年「小数の100倍，$\frac{1}{100}$の大きさ」〉

---

かけ算のきまり①を（もとにする大きさ）×（何倍）にかえる。②は消すことができた。AさんBさんなどの小数は，小数できまりがあるという考えがよかった。小数のわり算のきまりも知りたい。

〈学習感想②　5年「小数のかけ算　乗法の概念拡張」〉

---

分母が違う分数は，答えを表せないから，新しい単位をつくり計算をする。Cさんの分母をそろえるという考えがよかった。帯分数や仮分数の分母がちがったときには，どうやってやればいいか知りたい。

〈学習感想③　5年「簡単な異分母分数の加法」（発展的な学習）〉

## 4　成果とさらなる発展

### |1| 子どもの学習意欲と「問い」への関心の高まり

問題設定を方法的な面と内容的な面から工夫することは，学習へ主体的に参加し，「問い」を持つ子どもを増加させました。子どもが「問い」を持てたのは，問題設定の工夫によって，子どもが目的を持って学習活動に参加しているからでしょう。誰でも目的を成し遂げる過程で「問い」を持つと，その「問い」を解決したくなります。この自然な心の働きを毎時間の算数学習で実現していく

ことが重要です。

## |2| 学級全体での話し合いの視点

　学級全体での話し合いをどのようにまとめていくかは問題解決学習の大きな課題です。現在よく用いられている話し合いをまとめるための視点として，複数の考え方の相違点，より一般的な方法，より簡潔な方法等が挙げられます。しかし，子どもの「問い」を基に学級全体の課題が設定された場合，それらの視点を話し合いごとに設定しなくても，学級共通の課題自体が視点となります。「今日の課題の答えは何だろう」と常に子どもたちに考えさせることができるからです。このように，学級全体での話し合いの視点が授業導入時から明確になっていると，話し合いがうまくまとまりやすくなります。これは，問題解決学習の高め合いの場面での大きな手立てとなりうるのではないでしょうか。

## |3| 課題設定力の評価方法

　以上の成果から「問い」を基にした算数科における課題設定力は，算数科で育成するべき非常に重要な学力の一つであると考えることができます。重要な学力であるということは，同時にその評価も重要になってきます。しかし，課題設定力は見えない学力の一つであるということができます。今後の課題として，課題設定力の評価方法の開発が挙げられます。

　最後に，筆者(2006)が考えた課題設定力の評価方法を，その一例として紹介します。子どもがノートに自力で書いた学習課題から評価する方法です。評価の視点は二点あります。

　①学習課題の数学的な内容面
　②学習課題を書くまでの学級全体の状況面

　そして二つの視点それぞれに評価指標（ルーブリック）を作成し，次ページに示したようなマトリクスで評価する方法です。

　このマトリクスでの評価方法は，子どもの表れを長期的にノート表記から見取っていきます。子どもの表れが，アの領域からケの領域に近づくにつれて課題設定力が育成されていると考えることができます。今後さらに簡便な評価方法の開発に努めていきたいと考えます。

〈課題設定力の評価のためのマトリクス〉

| 数学的内容面 \ 課題設定までの学級全体の状況面 | C 教師から課題設定のヒントの明示を受ける。 | B 友だちから課題設定のヒントの明示を受ける。 | A 自力で課題設定のヒントに気付く。 |
|---|---|---|---|
| C 問題への「問い」を持つ。 | ア | エ | キ |
| B 障壁についての「問い」を，課題として設定する。 | イ | オ | ク |
| A 課題解決の方法を少しでも見通した「問い」を課題として設定する。 | ウ | カ | ケ |

(松島　充)

**引用・参考文献**
中原忠男（1999）「構成的アプローチによる算数の新しい学習づくり」東洋館出版　pp.25-26
島田茂（1995）「新訂　算数・数学科のオープンエンドアプローチ」東洋館出版 pp.9-21
松島充（2006）「算数科における課題設定力の育成に関する実証的研究」第39回日本数学教育学会数学教育論文発表会論文集　pp.751-756

## 第2節 教科書を読むことから「問い」を見い出す算数学習

### ❶ 授業の構想

　子どもたちはみんな，よくなりたいという願いを持っています。子どもたちは，好奇心旺盛であり，新しく出会ったものに対して「知りたい！」という「願い」や「何？」，「なぜ？」といった「問い」を持つことができる素晴らしい存在です。その「願い」や「問い」を軸にして単元構想をすれば，学びの本質に迫れるのではないかと常日頃から考えています。

　私のクラスの国語科や社会科では，新しい単元に入る際，まず，子どもたちと教科書を読み，それを基に，そこで何を学習し，何を話し合い，何を調べていくのかという学習計画を立てて授業を行ってきました。授業は，その計画に沿って進めていきます。もっとも，いつでも計画通り進むとは限らず，話し合いが深まっていくと，新たな「問い」が生まれてきて，最初の計画から脱線することもあります。しかし，そうした脱線を通して，子どもたちは学習計画を練り直し，子どもたちが主体的に授業をつくっていきました。

　一方，算数の授業では学習の進め方が違っていました。まず，先に教科書をみんなで読み進めることはしませんでした。算数の教科書では，計算の仕方のヒントが示されています。計算の考え方や答えも載っていることがあります。そのため，計算の仕方は子どもたちに考えさせたいという気持ちから，「教科書は見ないようにしましょう」，「自分で考えてみましょう」という指導をしてきました。子どもたちは単元の全体像を把握することなく，教師が提示した資料や問題から，学習を進めていたのです。これでは，子どもたちが主体的につくっている授業とは言えませんでした。

　算数の授業でも，子どもたちがまず教科書を読むことから始まり，単元を大きく掴んでから授業に臨めば，子どもたち自身が単元全体の見通しを持ち，主体的な学習になるのではと考えました。単元構想を子どもたちとつくり上げようと思いました。すべては子どもたちが，授業の「お客さん」にならないように，子どもたちが自分たちで授業を進める形にするためでした。

　もちろん，教科書を使わず，はじめから，子どもたちに自由に「問い」をつくらせ，それを使って単元構想をつくり，授業を進めていく方法もあります。しかし，それがいつでもうまくいくとは限りません。数年前，私が2年生担任

だった頃の話です。子どもたちの「問い」から授業を構成したいと考え、子どもたちに「かけ算について何でも知りたいことを書いてみよう」と声かけをしました。かけ算の導入を終えた子どもたちから、「かけ算九九」や「かけ算表」などに発展する「問い」が出るであろうと予想していたのですが、「ハリーポッターはかけ算を勉強しているのですか？」、「かけ算を発明した人は誰？」など、視点の外れた「問い」がいくつも出てきてしまい困ってしまいました。さらに、自分の考えを表現することが苦手な子は「問い」をつくること自体が難しく、悩んでしまっていました。

どの子も「問い」をつくり、学習すべきものから外れないために、国語科や社会科で行っている「まず、教科書をじっくり見て考える」という授業に行き着きました。これなら、外れることなく、自分の考えを表現するのが苦手な子でも、教科書を指さし、「ここがわからない」と言えばいいので、「問い」がつくりやすいのです。大切なことは、一部の子だけが「問い」をつくり、その子たちだけで進めてしまわないことです。一部の子だけが出した「問い」は、教師から一部の子に変わっただけです。大部分の子が「お客さん」のままであってはいけません。みんなが「問い」をつくり、みんなが「問い」の解決に参加していくことこそが、真のねらいなのです。

どの子でも「問い」がつくれて、なおかつ、クラス全員の「問い」が一定の方向に向く、これが「教科書を読むことから問いを見い出す」よさであると思います。

さらに、単元の始まりが「問い」をつくることから始まっているので、子どもたちの意識が「問い」を見つけようという方向に向いていきます。その意識は、「問い」をみんなで考えていく中で、新たな「問い」を見つけ出そうという気持ちを生み出していきます。こうした「問い」のつながりこそが、授業をより深いものにしていくのではないかと思います。

### 2 授業の流れ

#### |1| 教科書をまずじっくり読み、「わかったこと」と「はてな」を整理する

新しい単元に入ったら、まず教科書をじっくり子どもたちと読みます。子どもたちは新しく始まることが好きですから「次は何を勉強するのだろう」とワクワクしながら読みます。その好奇心を思う存分発揮してもらいます。

教科書には答えも解き方もはっきり出ています。公式もしっかり明記されて

います。「これから習うことなんだから見ないようにしよう」という遠慮は必要なく、どんどん子どもたちは読んでいきます。「私は、ここ知ってるよ」と言っている声も聞こえます。塾等に行っている子どもからは、「もうやったもんー」という声も出てきます。現在、子どもたちの置かれている状況は多様です。「教科書に載っていることを見ないようにしよう」、「ここは知らないこととして考えよう」ではかえって不自然です。子どもたちが主体的に授業を進めるために、子どもたちのありのままの姿を出させていきたいのです。

|2| 友だちに説明できるように「わかったこと」と「はてな」をワークシートに書き込む

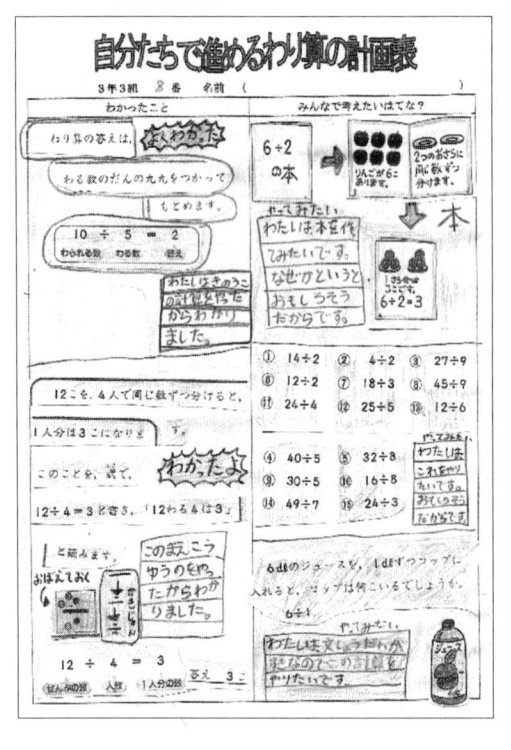

　大切なことは、教科書をまず読んでみて、何がわかって、何が「問い」になるかをはっきりさせることです。子どもたちには「自分たちで進める計画表」というワークシート（左の表）を配布します。何がわかって、何を「問い」にするのかを子どもたち自身にも、支援する教師にもはっきりさせるためです。希望する子どもたちは、教科書のコピーを配り、自由に使わせます。自分がつくった「問い」を言葉でクラス全体に説明をする時、教科書の図があった方が説明しやすく安心できるからです。また、自分の考えを表現することが苦手な子も、教科書のわからないところを切り取ればいいので、「問い」をつくることのできた達成感が生まれます。

|3| 単元の内容をおおまかにつかむ
　このような教科書をまずじっくり読む作業を通して、子どもたちはこの単元

全体のおおまかな流れをつかんでいくことができます。はじめから教科書に書いてあることが全員，すべて理解できれば何も言うことがありません。しかし，「教科書にこんな問題の解き方が書いてあったけど，なんでこうなるの？」という「問い」も自然に生まれてくるでしょう。教科書の中から宝探しのように，「問い」を見つける楽しさもあるかもしれません。そして，何よりも「自分たちが授業をつくる」楽しさがあるように思います。

## ４ 授業の進み方を考えていく

　自分がわかったことと「問い」の「まとめ」をワークシートに書き終えたら，次はクラスみんなで「問い」を出し合う作業に移ります。みんなで考えたい「問い」をそれぞれが発表していきます。教科書が「問い」の出発点なので，自然に子どもたちの「問い」は同じようなものが多く，集中した「問い」が，クラスの大きな「問い」になっていきます。

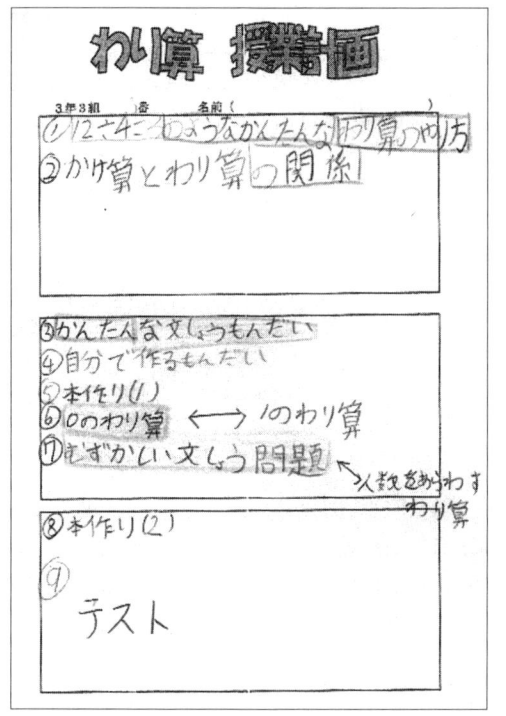

　次に子どもたちが単元構想をつくります。誰の「問い」から考えていこうかと，話し合い活動をするのです。子どもたちが単元を見通す重要な作業です。教科書が拠り所になっているので，順番は意外とスムーズに決められることが多いです。ここで，「この単元は○時間で勉強するから，○時間内にやろうね」と単元の授業時数を子どもたちに提示することにより，時数までも考えに入れていきます。時間を限ることにより，似た意見が統合され，計画的に見通しを持って自分たちの授業を構想する力が育つと思うのです。上の表は実際に子どもたちが授業計画を立てた「授業計画ワークシート」です。このワークシートは学級全員が話し合いながら，これからの予定

を書いていきます。授業計画を立てる時，例えば，いきなり「1000の位のわり算をやりたい！」という子ももちろん出てくるのですが，話し合いによって「それはもっと後になってからじゃない？ まず，簡単なことからやろうよ」という意見によって，「最初はかんたん，後になってむずかしく」という流れになってきます。教科書を拠り所にしているので，それほど脱線した「問い」が出てくることはありません。

### 5 計画にそって授業を進める

いよいよ子どもたちの計画にそって授業を進めていきます。司会は「問い」をつくり出した子どもが務め，「私のみんなで考えたいことは○○です。よろしくお願いします」と進んでいきます。司会をする子どもとは，事前に教師と打ち合わせておき，教科書のどこをみんなで考えたいのか，授業で考える具体的な問題は何なのかをはっきりさせます。教材や教具が必要な時は，ここで一緒につくったりします。「問い」をつくった子どもが司会を務めるのですが，大切なことは，「問い」をつくった子どもだけが理解して終わりではなく，クラス全体がその「問い」を理解することが目標であることを，司会をする子どもに指導しておきます。

算数の予定黒板は，算数係に任せます。「次の時間は何をするべきか」を算数係が考えます。予定表を見ながら，教師と相談し，予定黒板に書き込んでいきます。ここで「12÷4のような計算」と題名のように書くのではなく，「12÷4のような計算の仕方をみんなでつくり上げよう」とはっきりとした目標を予定黒板に書くよう指導していきます。

### 6 小テストを行う

「問い」が解決するたびに，その「問い」に関する小テストを教師または算数係が作成します。本当に「問い」をみんなで考え，理解したのかチェックするためです。授業の終わりに実施します。間違えた子に対しては，授業後などに教師が補足説明をします。

### 7 「問い」から生まれる「問い」を認め，広げていく

子どもたちが「問い」を解決していく中から，「問い」が生まれることがあります。教師はそのような子どもたちの「問い」を見つけるよう気を配ります。そして，クラス全体に紹介し広めていきます。

## ❸ 授業の実際 −5年:「円」についての実践−

### │1│教科書を拠り所として子どもたちが自分の「問い」をつくっていく

　円の単元が始まると,子どもたちはまず教科書を開き,どこがわかって,どこが「はてな」なのかを教科書から読み取り,それぞれが自分の勉強計画表を作成していきました。下の[Bさんのワークシート]はその一例です。このワークシートは,話し合い活動での意見交換の際にも使われます。

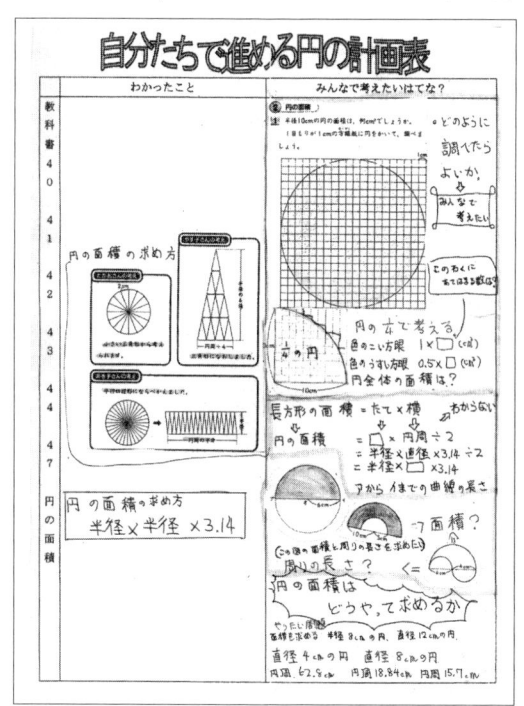

[Bさんのワークシート（円の面積）]

　なお,円の単元は「円周率」と「円の面積」の二つに分けられているので,「問い」をつくる際も二つに分けて考えました。一度に単元を通して考え,つくった「問い」をまとめてしまうと,子どもたちの「問い」が多くなり,授業計画を立てていく際に負荷が大きくなってしまうからです。また,単元を区切ることで,一つのことがらをいろいろな見方で考えることができるのではないかと思いました。

　授業後,ワークシートを集めて,その日のうちにA,B,Cの三段階評価をしました。評価規準はAは自分の意見を十分書けた,Bは教科書をまとめられた,Cは書けなかった,です。評価基準は多少甘めに設定しており,「これはクラス中で考えられそうな『はてな』になるな」というものに関して,Aを増やしていきました。こまめに評価することで,子どもたちが安心して「問い」をつくれる環境にしていきました。

## 2 クラスの「問い」をつくっていく

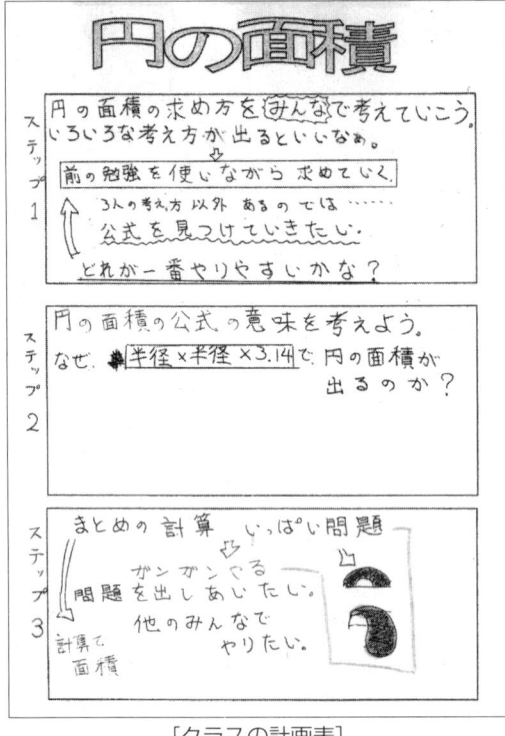

[クラスの計画表]

　一人ひとりがつくった「問い」を、次はいよいよクラスで話し合います。「僕は教科書に円の面積の求め方が書いてあったけど、よくわからないからみんなで考えたいなあ」、「私は教科書に考え方が三つ書いてあったけど、それ以外の考え方がないか話し合ってみたい」など、子どもたちは自分のワークシートを拠り所に次々と話を進めていきました。その話し合いを教師は黒板に板書していきます。

　みんなで考えたい自分の「問い」が一通り出つくしたら、いよいよ単元計画を立てます。そこで時数を制限しないとひたすら時間をかける計画になるので、「ここは6時間で勉強すると先生の教科書は書いてあるんだけど、みんなはどう？」と呼びかけました。「エー」という声と同時に、「じゃあ、こうしたら？」という声も聞かれます。子どもたちの「問い」がどんどん合体していき、クラスで考える大きな「問い」になっていきました。

　クラスでの「問い」は大きく分けて次の三つになりました。
・「半径10cmの円の面積をいろいろな考え方で求めてみよう」（ステップ1）
・「なぜ半径×半径×3.14が円の面積の公式になるのか？」（ステップ2）
・「いろいろな円の面積を求める問題をお互い出し合ってガンガン解いていきたい」（ステップ3）

　子どもたちがまず考えたいとしたのが、「半径10cmの面積はいくつでしょうか？」でした。教科書に載っている3人の子どもたちの意見について、「どう

やってこんな考え方をするんだろう」という子もいれば、「3人以外の考え方も出るかもよ？」など意見が出ました。しかし、この問題をまずクラスで考えてみることになったのは、「円の面積の公式を考えるのなら、円の面積を実際に考えてみないとわからないんじゃない？」という意見が決め手でした。

クラスで計画したものは、一見すると教科書の流れとほとんど同じになりました。しかしながら、この三つの「問い」を子どもたちが計画した意義はとても大きいと思います。最終目標が「ガンガン問題を解けるようになりたい」と明確な目標を立てているからです。

## |3| クラスの「問い」から、新しい「問い」を生み出していく

「半径10 cmの円の面積をいろいろな考え方で求めてみよう」というクラスの「問い」に対して、子どもたちはワークシートが欲しいと要求し、教師側の支援として方眼紙に半径10 cmの円を描いたワークシートを用意しました。それぞれ自分なりの考えで面積の求め方を考え出していきました。教科書に考え方の例が三つ載っているので、それを基に考える子も多かったです。

そして、自分の考えを発表し合う場で、新しい「問い」が生まれました。それは円を三角形に変形させて考えているときです。教科書にも載っている考え方だったので、みんなそれが正しいだろうと疑いませんでした。

しかし、C君が「おかしいじゃないか。三角形の中に隙間があるよ。それに底辺がボコボコになっているよ。これでは三角形って言えないよ。でも、教科

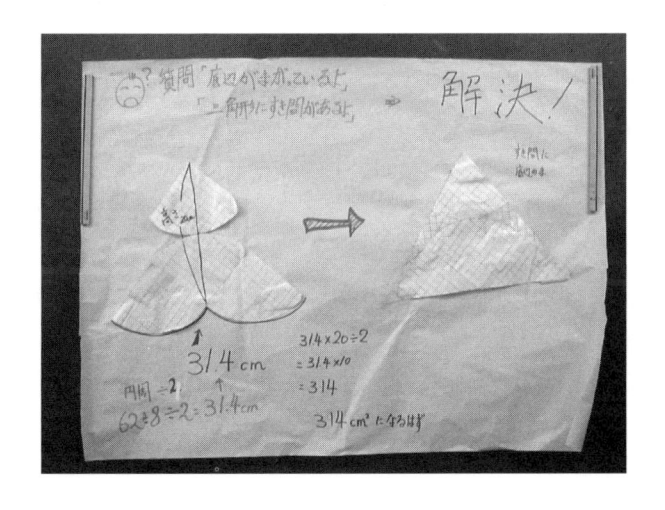

書に載っているんだから正しいんだよね……？　なぜだろう？」という発言がきっかけとなって、「教科書が間違っているんじゃ」、「いやいやそんなはずはない」と議論になりました。クラスの「問い」を進めていく中で新しい「問い」が生まれていった瞬間でした。

　ここで、教科書に載っていた円の面積の公式を使って計算してみるとやっぱり答えがあっているのではということが話題になりました。そこで、K君が「計算でなるはずだから、実際の世界でもできるはずだ」といって、底辺のボコボコを切り取って三角形の隙間に埋める作業をしてきて（前ページの写真）、その「問い」を解決していきました。

　三角形に直して面積を求める考え方は「教科書に載っているから正しい」という判断から、一歩前進して自分たちなりの「証明」をすることができました。単元のはじまりが「問い」をつくることから始まっているので、子どもたちの意識が「問い」を見つけようという方向に向いていた成果だと思います。この三角形の隙間をどうするのかという「問い」もその中から生まれてきたものです。困ったとき、教科書に載っている公式を活用できたのも、事前に教科書をすべて読んでいたからできたものでありました。自分たちが持っている「知」を総動員して「問い」に立ち向かった一つの例だと言えます。

### ④ 教科書から「問い」をつくる成果とさらなる発展

　理科の授業をしていたときのこと、「次の理科の実験これをやるんでしょう？　楽しみだなあ」、「実験の結果、これになっているけど、本当にできるかなあ」と言いながらどんどん教科書を読み進めている子がだいぶ多くなりました。算数で教科書から「問い」をつくる授業をしてからというもの、教科書をまずよく見て「問い」を見つけるという考えが広がり定着していきました。

　子どもたちの中には「先生、先に教科書を見ちゃうと答えが載っているからわかっちゃうよ。勉強にならないんじゃない？」という子もいます。しかし、ほとんどの子どもは「わかりやすくなった」という感想でした。

　算数が得意ではない子にとって、円の面積の求め方など新しい考えを自分でつくることは負荷が大きいと思います。しかし、教科書をあらかじめ見て考えると、「このようにやってみよう」と根拠を持って考え、自分なりの考えを持つことができました。子どもたちが安心感を持って授業に臨めたことは大きな成果だと思います。

さらに授業計画の作成や授業の進行などを子どもたちが行えたのも大きな成果だと思います。単元を通して見通しを持ちながら授業をしているので，次に行うことが子どもたちの中で明確になっているのです。子どもたちは「自分たちで授業を進めている」という実感を持つことができました。

Ｙさんは，こうした授業について，次のような感想を書いてくれました。

> 算数日記
> この授業をやるととても授業がやりやすいです。始めに教科書を見ると「ここは，どういうことだろう。」のようにぎ問ができて，「この問題をみんなで話し合いたいな。」や「この問題をやってみたいな。」ということもわかるのです。そしてみんなで計画を立てるとこれからどういう勉強をやるのかということもわかるのです。計画を立てる時，みんなのぎ問も聞くこともいいです。

［授業についてのＹさんの感想］

問題点ももちろんあります。教科書の中から「問い」をつくると，授業の進み具合は大きく筋から外れることはありませんが，本来子どもが持っているもっと大きな「問い」を抑えてしまっているのではないかと感じることもあります。円の学習でも，教科書に載っている問題や考え方は話し合って解き進めることはできましたが，それで自由な発想，想像力を駆使して考えた「問い」をつくれたかという疑問が残ります。

また，子どもたちの「問い」をまとめていくときに，一人一人の「問い」が薄まっていっているのではないかと思われます。例えば円の「問い」では，クラス30人の「問い」を大きく三つに分けましたが，その中で，取り上げられずにもれてしまった「問い」もいくつかあるのではないかと感じます。

さらに，「問い」をつくり，単元計画を作成してから授業に入っていったので，時数が通常単元時数よりも長くなってしまいました。

このような様々な問題点はありますが，低学年から積み重ねていくことによって解決できることも多いと思うのです。教科書をまず見て考えることによって，現在持っている既存の「知」から自分自身の「問い」をつくり，新しい「知」をつくり出していく経験が行われることに価値があり，これからの発展も望めるのではないかと考えています。

（酒井信一）

## 第3節 「問い」を生かし，「問い」で深める算数学習

### 1 授業の構想

#### |1| はじめに

　算数の授業を行っていく中で，子どもたちが生き生きとした表情で学習に取り組む時があります。そういう姿を数多く見せる子どもたちは，「算数大好き」，「算数っておもしろい」という言葉を口にします。子どもたちが生き生きとした表情で学習に取り組む姿の中には「知りたい」，「考えが合っているか確かめたい」，「問題を解決してみたい」という思いが存在しているのです。その思いは，「なぜだろう」，「どうなるのかな」，「もっとよい方法を見つけられないかな」という子どもたち一人一人の心に生じる「問い」からつながってくるものであると考えました。

　そこで，子どもたちがそのような「問い」を持ち，それを解決していく活動こそが生き生きとした表情で取り組む算数学習につながるものと考え，授業実践を行いました。

#### |2| 手立て

　この授業実践に当たっては，次に示すように，導入時に，子どもたちの思考を揺さぶるような算数的活動や交流の場を設定することで，一人一人の中に意味のある「問い」を発生させ，その問いを生かして学習計画をつくるという手立てをとりました。

①導入時に算数的活動や交流の場を設定する

　導入時に，子どもたちが積極的に取り組み，思考を働かせるような算数的活動の場を設定することによって，子どもたちの中に自然と「問い」が生み出されていくようにします。

　さらに，そうした算数的活動の後で，交流の場を設定することによって，互いの考えを練り合い，みんなで一つのものをつくり上げていこうとする意識を高め，「問い」の内容を高め，広げていくようにします。

②「問い」を生かして学習計画づくりを行う

　より子どもたちの思いに沿った学習計画を立てることが，生き生きとした表情で学習に取り組む授業につながると考え，子どもたちと一緒に「問い」を生かした学習計画を立てます。

… 第4章 子どもの「問い」を軸とした算数学習の試み

## 2 授業の実際
### －5年：「三角形と四角形の角」の実践－
#### ｜1｜導入時に算数的活動や交流の場を設定する
①算数的活動から問いを生み出す

　各グループに，合同な20枚の不等辺三角形を配布し，その三角形のそれぞれどれか一つの頂点を一点に集めて，三角形を敷き詰める活動を設定しました。

> T：今日は，算数ゲームをやりましょう。
> 　　三角形の敷き詰めゲームです。グループに20枚ずつ同じ三角形を配ります。
> 　　それぞれの頂点を一つずつ集めて，三角形を敷き詰めてください。
> 　　「敷き詰め」というのは，ぴったりとすき間なく並べることです。
> 　　さあ，どのグループが速く敷き詰められるでしょうか。

すると，活動を始めて間もなく，

> C1：絶対敷き詰められるのかな？
> C2：どの角を集めればいいか，決まりはあるのかな？
> C3：三角形は何枚必要なのかな？

という，子どもたちの心に生じた「問い」を意味する言葉が聞かれ始めました。

　黙ったまま見守っていると，あるグループの「できた！」の言葉がきっかけとなり，「何枚でできた？」，「6枚！」と会話がなされ，あちこちのグループから，「できた！」の声が矢継ぎ早に聞かれました。そこで，敷き詰めのできた三角形を黒板に貼り出し，気付いたことを発表し合いました。

②交流で問いを高める・広げる

> T：（黒板を見ながら）たくさん集まったね。
> 　　敷き詰めをしながら，みんなが言っていたことだけど，三角形は何枚使った？
> C：特に決まりはないみたいだけど……。6枚のグループが多いね。
> T：どの角を集めればいいかな，決まりはあったかな？

161

三角形の三つの角に，それぞれ赤・青・黄の色をつけてあったことから，一点に集まっている角の色の種類や数に意識が集中しました。

> C4：ほとんどの敷き詰めが，三角形の三つの角を全部使っている。
> C5：三角形の三つの角が，どれも二つずつある。
> C6：向かい合ったところに，同じ色の角があるものが多い。

　うなずきながら，意見を黒板に書いていきました。一通り出つくすと，他にはないかとだんだん角の色から辺のつながりに目を向け始めました。そして，

> C7：同じ角が向かい合ったところにある敷き詰めは，辺がつながって一直線になっている。
> C8：そのグループは，同じ色の角が隣どうしにきていないね。
> 　　あっ，三つの角を一つずつくっつけて並べると，下の辺は一直線だ。

と，どんどん子どもたちだけで練り合っていくことができました。
　ここで，三角形の三つの角の和が180°になることを，全員で確認しました。

> T：どのグループの三角形も，一直線になるのかな？
> 　　それぞれのグループに残っている三角形で，一直線を作ってみようか。
> C：なる。どれもなるみたい。
> T：ということは，どの三角形も三つの角の大きさの和は180°ということだね。

すると，

> C9：本当に，どの三角形でも，三つの角の大きさの和は180°になるの？
> 　　これらの三角形は，先生が仕組んだんじゃないの？
> C10：四角形でも敷き詰められるの？
> C11：四角形の四つの角の大きさの和も180°かな？
> C12：五十角形などの角の大きさの和も決まってるの？

という声が聞かれ，「問い」が生まれていきました。それを次時にみんなで整理するために，個々のノートに書き留めておくことにしました。

## 2 問いを生かして学習計画づくりを行う

　第2時では，子どもたちから出てきた「問い」をまとめて紹介しました。

> T：みんなの書いてくれた「クエスチョン」（クラスでの「問い」の呼び名）を見せてもらいました。それらを仲間分けしてみたら，次の四つになりました。
> 　・三角形の内角の和は，本当に180°になるのかな？
> 　・四角形でも敷き詰められるのかな？　内角の和は何度になるのかな？

> ・何角形でも内角の和は求められるのかな？　それを求める公式ってあるのかな？
> ・角の大きさを求めるには、どうやって計算するの？
> T：どんな順番で「クエスチョン」を調べていったらいいと思う？

すると、

> C13：角の大きさを計算で求めるクエスチョンは、いろいろな図形の角の大きさの和がわかっていないとできないんじゃないの？
> C14：三角形の三つの角の大きさの和が、本当に180°になるかどうかを、最初に調べたいよ。

など、子どもたちがどんどん学習計画を立て始めました。

> C15：じゃあ、最初にどの三角形も本当に180°になるかを確かめて、次はやっぱり四角形？
> C16：四角形やったら、五角形？　それから、六角形で、七角形？
> C17：そこまでいったら公式ができそうじゃん。そのまま公式を考える？
> C18：いいねぇ。公式ができちゃえば、角の大きさって計算で求められるってことだよね。
> C19：決まった。
> C20：最初に三角形が本当に180°になるかを確かめて、次に四角形、五角形、六角形、七角形の敷き詰めをしながら、角の大きさの和を求める。
>    その次が、そこから公式を考える。最後に、計算で角の大きさを求める。
>    この順番でやっていけば、いいってことだよね。

この時点で個々の「問い」は、みんなで解決していきたい、クラスの「問い」となりました。

その結果、第3時の授業前には、

> C21：今日は、すべての三角形の三つの角の大きさの和が180°になるか調べるんだったよね。
> C22：先生が仕組んでいないか調べるために、今日は自分で三角形を作ってきたよ。これならきっと、180°にならないと思うんだ。

という子どもも現れるようになってきました。そして、授業を始めると間もなく、

> C23：あれっ？　ぼくの作ってきた三角形は、180°になっちゃうよ。
>    もう一つ、作り直してみようっと。
> C24：作り直すのもいいけど、みんなそれぞれに作ってるんだから、交換しようよ。

> C25：えっ？　ぼくは，ノートに三角形を描いて，分度器で測っているんだけど。
> C23：その手があったか。よし。めちゃくちゃに線を引いて，三角形を描いてみよう。
> C26：わたしの三角形は，180°にならないみたい。
> C27：え～っ？　ちょっと貸してみて。
> 　　　ほら，同じ角を2回使っているから180°にならないんだよ。
> 　　　こうやって，三角形の三つの角を全部合わせれば……180°になるじゃん。
> C26：そうか。三つの角の和ってことは，全部違う角を合わせるってことだものね。
> 　　　私の三角形には，色をつけていないから，忘れちゃってた。
> T：大切なことに気付いたね。三つの角の和というのは，それぞれ違う角を合わせるっていうことなんだよね。

　自分たちで作った三角形を切って並べたり，自分たちの描いた三角形を分度器で測って調べたりすることにより，自然と近くの友だちと交流することとなり，その中でいろいろな深まりを見せていました。そして，最後には，

> C9：先生，納得。先生の作った三角形は，仕組んでなかったね。
> 　　何回やっても，どの三角形でやっても，全部180°になったよ。
> 　　三つの角の大きさの和が180°にならない三角形はないとわかったよ。

と納得することができました。さらに，

> C28：今度は，四角形の敷き詰めだよね。三角形ができるんだもの。四角形だってきっと敷き詰められると思うな。でも，三角形と同じ6枚かな？
> C29：三角形は三つの角の大きさの和が関係していたから，四角形が敷き詰められるかどうかも，四つの角の大きさの和に何か秘密があるんじゃない？
> C30：ということは，四つの角の大きさの和も，決まっているっていうこと？

という声が聞かれました。これは，敷き詰めと角の大きさの和との関係に目が向いていることを表す子どもたちのつぶやきに他ならないものでした。四角形も，自分たちで作ってこようと，次の授業に意欲を見せる子が増えてきました。

　－6年：「立体」の実践－
|1|導入時に算数的活動や交流の場を設定する
①算数的活動から問いを生み出す
　六つのグループに立体の入った紙袋を分け，中の立体を他のグループに見せないようにしたまま，その形を説明する文を作り，他のグループに正確に伝えられるかを競う活動を設定しました。

その際，紙袋の中の立体は，形を何かにたとえてはいけないこと，説明する文は三つ以内にすること，大きさは関係ないことを伝えました。

> T：今から，グループに一つずつ紙袋を分けます。中に入っている物は，出してはいけません。
> また，「あっ，○○○だ」と，その物の名前を言ってはいけません。他のグループに見られないようにしましょう。（紙袋配布）
> さあ，今日の算数は，「袋の中は何だろな？」ゲームです。グループごとに，中の形を説明する文を三文以内で作ってください。
> その文では，「○○みたいな形」というたとえを使ってはいけません。
> このゲームは形当てなので，大きさは関係ありません。
> 説明の文は，後で発表してもらいます。他のグループの人に，どれだけ正確に伝えられるでしょうか。

始めると早速，あるグループの中から，

> C1：上から見たら円だよね。
> C2：でも，そうしたらボールの形と間違えられない？
> C3：つるんとしてる，じゃだめだよね？

と，相談する声が聞かれました。
そのまま見守っていると，

> C4：正方形・長方形みたいに，○○形っていう言い方があればいいのにね。

と言い始め，そこかしこで子どもたちの心に生じた「問い」が聞かれ始めました。

② 交流で問いを高める・広げる

> T ：では，グループごとに発表してもらいましょう。
> G1：どこから見ても，長方形です。（直方体）
> G2：上から見ると円で，横から見ると長方形を丸めた形です。（円柱）
> G3：三角形が四つと正方形が一つあります。正方形は下にあります。
>     上がとんがっています。（四角錐）
> G4：面は六つあります。全部正方形です。（立方体）
> G5：どこから見ても円です。（球）
> G6：上から見ると六角形で，横から見ると長方形が六つあります。（六角柱）

説明を聞いた子どもたちは，自分なりの答えをノートに表すことにしました。

ノートには図で描いたり，例えた形で描いたりするよう声をかけました。すると，「わかった！ 簡単じゃん」や「え～っ？ 先生，質問してもいい？」という声があがりました。そして，

> C5：だって，うまく言えないんだもん。言い方，わからないしさ。
> C6：うわぁ。説明してくれる形はわかるんだけど，うまく描けない。この斜めのところが難しいんだよなぁ。

など，「問い」につながる言葉が，次々に聞かれ始めました。そこで，

> T：いいつぶやきが聞こえてきたよ。
> 「よくわからない。」，「こんなこと知りたい。」，「これができるようになりたい。」
> そんなつぶやきは，もう「クエスチョン」だよね。ノートに書き留めておこうね。

という言葉かけをしました。

紙袋から立体を出し，答え合わせをした後，それぞれ活動の中で生まれた「問い」を，まとめとしてノートに書き留めることにしました。

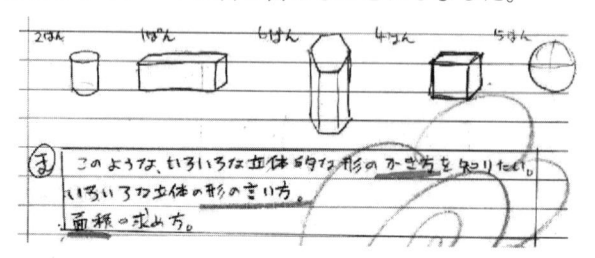

## 2 「問い」を生かして学習計画づくりを行う

> T：この前の授業で，みんなが書いてくれた「クエスチョン」を紹介します。
> 仲間分けしながら聞いてね。

第2時では，子どもたちから出てきたすべての「問い」を紹介しました。「問い」は，導入時の活動からだけでなく，多岐にわたるようになってきました。

> T ：・いろいろな立体には，どんな名前があるのかな？
> ・それぞれの立体には，どんな特徴があるのかな？
> ・立体を表すには，どんな言葉が必要なのかな？
> ・立体の形には，面や辺・頂点がいくつずつあるのかな？
> C7：最後のクエスチョンは，二番目の「特徴」と一緒だよ。
> C8：そうそう。さっきの「どんな特徴？」っていうのと同じ仲間に入れていいと思う。
> C ：賛成。

> T ：続き行くね。
>   ・立体の部分には、どんな名前があるのかな？
> C9 ：それは、三番目の「どんな言葉？」っていうのと同じことだと思うな。
> C10：私も、その「言葉」っていう仲間に入ると思います。
> C  ：いいと思います。
> C11：先生。仲間分けした物に名前を付けよう。「二番目のどんな特徴？」とか「三番目のどんな言葉？」とか、いちいち呼ぶのが面倒くさいよ。

　子どもたちの希望で、仲間分けした「問い」にタイトルを付けることにしました。そして、続けて子どもたちと一緒に「問い」を整理したところ、次の八つのタイトルにまとめられました。

> T：以上で、全員の「クエスチョン」はおしまいです。
>   ということは、「クエスチョン」は全部で八つだね。
>   「特徴」「面積の求め方」「使う場面」「図形を作る」「体積の求め方」
>   「図形の描き方」「名前と種類」「特別な言葉」

　早速、学習する順番を投げかけました。

> T：どんな順番で学習していくとよさそうかな？

　すると、子どもたちだけでの学習計画づくりが始まりました。

> C12：まず、名前がわからなかったら呼ぶ時に不便だから、「名前と種類」からやろう。
> C13：それがわかったら、形の説明もしやすいように「特別な言葉」をやるとよさそうだね。
> C14：「図形を作る」のは、「描ける」ようになってからじゃなくちゃだめだよね。
> C15：「使う場面」をやった方が、「特徴」がわかりやすいんじゃない？
> C16：「特徴」がわかってからの方が、「使う場面」を想像しやすいじゃん。
> C17：「体積」って何？
> C18：立体の大きさのことみたい。よくわからないから、クエスチョンじゃん。

　子どもたちから出された「問い」の中には、次の単元の内容も含まれていましたが、個々の思いを大切にし、そのまま学習計画に組み込むこととしました。
　その結果、学習計画が次のように立てられました。

| ① 名前と種類 | ② 特別な言葉 | ③ 特徴 | ④ 図形の描き方 |
| ⑤ 面積の求め方 | ⑥ 体積の求め方 | ⑦ 図形を作る | ⑧ 使う場面 |

早速第3時から一つめの学習内容に取り組みました。

ところが，学習していく過程で，計画の変更が生じました。導入の活動の中で「上から見ると」「横から見ると」という説明が多かったため，①の学習では，それを用いて立体を種類分けしたところ，

> C19：これって，自然と図形の特徴を調べている気がする。
>   　 先生，次の授業は順番を変えて，先に特徴をやっちゃおうよ。

というある子どもの発言に，クラス全員納得し，学習計画を変更して②より先に③に取り組むことになりました。

また，④の内容に取り組んだ時，

> C20：先生，立体図形って，描いたまま（見取図）切り取っても，その通りの形にならないよね。横から見ると，薄っぺらで厚みがないし……。どうやって描くと同じ形になるの？
> C21：長方形や正方形は，紙に描いて切り取れば，そのまま長方形・正方形になるのにね。それとはちがうんだね。ぼくも，やってみたい。

と，その時間の学習を終えたからこその「問い」が聞かれ，これまた学習計画を変更して，⑤より先に⑦に取り組むことになりました。

そして，⑦の学習では次のような深まりがありました。

> T　 ：今日は，紙に描いて切り取った時，その通りの形になるようにしたいというC20さんの「クエスチョン」にみんなで取り組むんだったね。
> C20：立方体や直方体って，なんだか作ってみたいのに，昨日習った見取図は，描いて切り取っても，立方体や直方体にならないんだもの。
> C22：そりゃあ，そうだよ。紙はぺらぺらだけど，立方体も直方体も立体だもん。
> C23：じゃあ，どうすればいいのかな？
> C24：組み立てて作るように，組み立てる前の形を紙に描けばいいんだよ。
> C25：それってどんな形？
> C26：1年生の時にやったように，一つ一つの面を紙に写し取ってみれば？
> C27：1時間目（導入の時間）に使った，さいころ型のキャラメルの箱を広げてみれば，ヒントになるかも。
> C　 ：やってみよう。

## 3 成果とさらなる発展

こうした子どもの「問い」を生かした授業から，次のような成果を得ることができたと考えています。

○導入時に算数的活動をすることで，個々に試行錯誤を行い，全員が「問い」を持てるようになってきました。

○交流をする習慣が身に付き，わかりやすく説明し合ったり，納得がいくまで練り合ったり，思いを伝え合ったりする力が育ってきました。それに伴い，交流の場からも「問い」が生まれるようになってきています。

○学級全員の「問い」から学習計画を立て，子どもの思いに沿って計画を変更していくことにより，生き生きとした表情で取り組む子どもたちの姿が多く見られました。

実際，実践前は算数が好きという子どもは4人でしたが，実践後に再調査したところ，36人中33人が算数が好きと答えました。その理由として多かったのは，次のようなものでした。

・単元の最初のゲームみたいのが楽しい。

・自分の「クエスチョン」を，授業でやっていけるから楽しい。

・みんなの「クエスチョン」が集まるから，自分が気付かなかったところも授業の内容になってわかりやすい。

・交流で，いろいろな解き方を知ることができるからわかりやすい。

・交流の時，友だちに「わからない」と言うことができるから，すぐに教えてもらえてわかるようになるのがいい。

また，今後さらに，次のような考えのもとで，子どもの「問い」を生かし，「問い」で深める授業に取り組んでいこうと考えています。

○個々に持つ「問い」には個人差がありました。導入時の算数的活動をさらに工夫していくことによって，多くの子どもたちがよりよい「問い」を持つことができるようにしていこう。

○導入時には全員から「問い」が出されましたが，交流の場において「問い」を出せた子どもはそう多くありませんでした。交流の場においても，補助発問や投げ掛けを工夫することによって，より多くの子どもたちから「問い」を引き出せるようにしていこう。

（村松道子）

## 第4節　子どもの「問い」から数学を創り上げる算数学習

### 1　授業の構想

　授業は，子どもたちと授業者とでともに創り上げるものであると考えています。一人一人の考え方や思いがつなぎ合わさり，それらが結集して一つの知を創り上げることができれば，それは，単に一つの知を獲得しただけではなく，集団としてもともに成長できる絶好の機会となるのではないでしょうか。

　そのように授業を位置付けたとき，「問い」は非常に重要な役割を果たしています。創り上げるということは，自発的な活動です。課題を授業者から与えられるという受動的な活動に終始してしまうのではなく，学習の始点となる課題も子ども一人一人が能動的に見つけていくことで，本当の意味の創り上げる学習ができると考えています。

　ここで紹介する授業は，小規模校の少人数学級（1クラス5〜10人）での実践です。少人数学級だったので通常学級と比べて，子ども自身が「問い」を持ち，その「問い」をみんなで追究し，算数を創り上げる授業（以下，「子どもが『算数する』授業」）には取り組みやすかったです。

　この授業では，授業過程を次のように設定しています。なお，これは，岡本が提示した「授業展開の基本的パターン」（p.57〜63）を参考にしています。

①提示された素材を基に自分たちの「問い」を出し合う
　　ここではまず，既習事項を出し合ったり，授業者から提示された課題をみんなで解決したり，教科書を読ませたりします。その後，さらに追究してみたいこと，不思議だなと思ったこと，よく考えると実はよくわかっていないこと等の「問い」を「はてな(?)」カードに書かせ，「問い」を出し合い，みんなで紹介し合わせます。
②「問い」を分類し学習計画を立てる（取り扱わない場合もあります）
　　①で出てきた「問い」を子どもたちで似たような「問い」に分類させ，それらを包括する課題を子どもたちに設定させます。最後にどんな順番で解決していったらよいかを話し合わせ，学習計画を立てさせます。
③「問い」の個人追究をする（自分なりの考えづくり）
④「問い」の解決に向けた相互交流と全体での追究をする
⑤「問い」に対する答えを導く・つくる

②で設定した課題を一つずつ解決していき，その過程で，他の子どもの考えにふれさせたり，結合させたりしながら集団としての答えを導かせます。
⑥学級全体としてどんな創造ができたか振り返る
　⑤で導かれた答えを確認し合い，新しくできた算数ルールや今後も学習に役立つと思われる考え方には，みんなで創造できたという証に，そのルールや考え方の特徴がわかる名前を付けさせます。
⑦創り上げた知識・技能の定着を図る（次の場面へ活用できるよう習熟）
　知識・技能の定着を図るために，計算練習や練習問題を行わせます。
⑧さらに追究したい「問い」を出し合う
　さらに追究していきたい「問い」があれば出し合い，未解決の「問い」と合わせて，「問い」の一覧表を配布します。時間に余裕がある時には，一人に一課題を選択させ，算数レポートにまとめさせます。

　なお，常にこの過程をたどるのではなく，単元によっては，毎時間，学習後に書かせる振り返りカードの中で，授業後に個々に出てきた「問い」も書かせ，その「問い」を適宜取り入れていくという手法をとる場合もあります。

### ❷ 授業の実際
－5年：小数のわり算－　「わり算の世界をみんなで広げ，創造しよう」
│１│単元について
　本単元は，4年生までの整数のわり算の学習の拡張です。これまでは1を単位としてわり算を処理してきましたが，小数のわり算では，0.1や0.01などを単位として数の世界を変えれば，整数のわり算と同じように処理できるというよさがあります。
　しかし，子どもたちの大半は，小数のわり算のやり方は知っているものの，小数のわり算の手順の意味に触れた理解までには至っていませんでした。
　従って既習事項の整数のわり算を基にして，わり算に関する新たなる「問い」を引き出し，これらの「問い」を始点として学習を進めていきたいと考えました。そして，それらの「問い」を解決していく過程で小数のわり算のやり方についてみんなで創っていく授業ができるのではないかと考えました。
　その上で，みんなで創り上げた小数のわり算に関するルールを活用しながらさらに新しいルールを創り上げていく学習の展開を試みました。

## 2 実際の流れ

### ①提示された素材を基に自分たちの「問い」を出し合う

　本単元は，4年生までの整数のわり算の学習の拡張です。つまり，整数のわり算に関しては，子どもたちに既習事項が備わっているということです。
　そこで，第1時・第2時を，以下のように展開していきました。

| 「こんなわり算ならできる」というわり算の式をたくさん挙げてみよう。 |
|---|
| 【出てきたもの】2÷2　42÷6　100÷50　200÷100　11÷5　5÷2　9÷4　53÷10　324÷42 など |

　出てきたものを意図的に分類しながら板書していくと，子どもたちからは「これは，新しいものだ」，「他に（ちがうタイプの）わり算はないかな？」などのつぶやきも聞こえてきました。

| これで，君たちのわり算は完璧かな？　まだ学習していないことで，わり算について疑問に思うことを「はてな(?)」カードに書こう。 |
|---|

　このように投げかけると，それぞれの子どもが「問い」を「はてな(?)」カードに記述していきました。

### ②「問い」を分類し学習計画を立てる

| 「はてな(?)」を基に，学習の計画を話し合って自分たちで立てよう。 |
|---|

　ここでは，まず，出てきた「問い」を基に，子どもたちに似たような「問い」ごとに分類・整理させました。その後，分類された「問い」を包括する「問い」をみんなで話し合って設定させました。また，それらをどんな順序で解決していったらよいかも話し合わせ，学習計画を立てさせると，以下のような学習計画ができました。(【番号】は解決する順番。S1～S5は，子どもの名前（以下同))

```
            みんなの「はてな(?)」　～「小数のわり算」の巻～
            これからの大テーマ：小数のわり算はどうやるのか？
  ・ 前に勉強した，小数や分数のわり算はあるのか？（S1）
  ・ わり算は整数でやるけど，小数など他の数でも使えるか？（S2）
【1】小数÷整数はどうやるのか？
  ・ 23.5÷6などの計算はできるのか？　あるのか？　（S1）
  ・ 0.01÷100はできるのか？（S5）
  ・ 0.0001÷180はできるのか？（S3）
【2】整数÷小数はどうやるのか？
  ・ 39÷3.9はどんな計算なのか？（S5）
  ・ 43÷1.5などは，どうやるのか？（S1）
  ・ 58÷0.2はできるか？（S2）
  ・ 908÷0.18はできるか？（S3）
【3】小数÷小数はどうやるのか？
  ・ 0.001÷0.1はできるのか？（S4）
```

> - 0.0001÷1.5はできないのか？（S3）
> - 小数のわり算はあるのか？　例　30.5÷3.2　（S1）
> 【4】わる数の方が大きいわり算はどうするのか？
> - わる数の方がわられる数より大きかったら計算はどうなるのか？（S5）
> - 2÷3などのわりきれないわり算は，答えをどうやって書けばいいのか？（S1）
> - 2÷3などのわりきれないわり算は何というのか？（S1）
> - わる数の方が大きくてもわり算はできるのか？（S1）
> 【その他，1～4を学習していくと同時に解決していくこと】
> - わり算の筆算は他にやり方があるのか？（S2）
> - 面積の時にもわり算を使う時はあるのか？　（また，小数のわり算は，どんな場面で使われているか？）（S2）
> - 小数の問題は例えばあまりが0.004になったりするのか？（S5）
> - あまりがあってもやりつづけるのか？（今までとちがうわり算なのか？）（S3）
> 【すぐに解決できた「はてな（？）」】
> - 10000000000÷1は，答えが10000000000なのか？（S5）
> - なぜ，あまりの数はわる数をこえてはいけないのか？（S5）

　この子たちは，5月の「小数のかけ算」の単元でも同じように自分たちで「はてな（？）」を出し合い，みんなで学習計画を立てて解決する学習をしています。この授業は9月の授業ですが，5月のときと比べ，「はてな（？）」の数も多く，また手際よく学習計画を立てることができました。

　算数の学習では，まず計算ができることが学力の大きな要素ですが，それ以外にも岡本が提唱するように（p.43），私は「自ら課題を発見する力」，「自ら課題を設定する力」，「計画を立てる力」等，育成しなくてはならない学力の要素があると考えています。それは，本来課題は与えられるものではなく，自ら発見することで学習がスタートすると考えるからです。

　また，どんな課題があるのかと思いめぐらすことで，脳をフル回転して考えますし，既習事項と関連させながら，自分は何がわかっていて何がまだよくわかっていないかというメタ認知する力も育っていくと考えるからです。従って，この第1時・第2時のような，課題発見・課題設定・学習計画立案の段階は大切にしていきたいと考えています。

③「問い」の個人追究（自分なりの考えづくり）

　ここからは，第7時の授業を中心に取り上げることを通して，「問い」を基に子どもたちで新たな算数ルールを創り上げることができるようにするためのポイントをいくつか紹介していきたいと思います。なお，第3時～第8時までは，子どもの「問い」を基に子どもたちが立てた以下の学習計画に沿って，授業を展開していきました。

| 時 | 学習内容・追究内容 | 活動内容・留意点等 |
|---|---|---|
| 3 | 小数÷整数の筆算はどうやるか？(1) | S1、S2、S5の「はてな(?)」 |
| 4 | 小数÷整数の筆算はどうやるか？(2)－あまる場合－ | S4、S1、S2、S3の「はてな(?)」 |
| 5 | 整数÷小数の筆算はどうやるか？ | S4、S2、S3、S5の「はてな(?)」 |
| 6 | 小数÷小数の筆算はどうやるか？(1) | S4、S1、S3の「はてな(?)」 |
| 7 | 小数÷小数の筆算はどうやるか？(2)－あまる場合－ | S4、S2、S5の「はてな(?)」 |
| 8 | わる数の方が大きい数のわり算の筆算はどうやるか？ | S5、S1、S4、S1の「はてな(?)」 |

第7時では、以下の課題を提示しました。(以下、T＝授業者、S1～S5＝子ども個人、C＝子ども全体)

【第7時の課題】　小数÷小数の筆算はどうやるか？（2）－あまる場合－
　　　　　　　　　　　　　　（S4、S2、S5の「はてな(?)」を基に）

～場面1～
T：今日は、どんな課題をみんなで解決するんだったかな？
C：「小数÷小数の筆算はどうやるか？」っていうの。
T：そうだね。その課題を解決するために、具体的にどんな式で考えるんだったかな？
C：3.1÷0.7
T：では、自分の考えと理由をノートに書いてみよう。

〈課題提示のポイント〉
ア　子どもの「問い」を基に、計算のやり方・面積などの求め方やその意味・背景を探ったり、創り上げたりできるような課題を設定させる。そして、その課題をきちんととらえさせ、それを解決するための一つのサンプルとして、一つの式や図などを提示して考えさせる。

　教科書をそのまま活用した授業では、教科書に掲載されている問題（例えば「2.4ℓのジュースを三人で等しく分けます。一人分は何ℓでしょう？」）を課題として授業者から提示して子どもたちが問題解決に入っていくでしょう。そうすると、課題は授業者から与えられたものとして提示され、しかも、その問題の答えを求めることのみが主活動になってしまうことが予想されます。結果的に、子どもたちの話し合いは答えが合っているか否かに焦点化されていくでしょう。さらに、2.4÷3の状況設定はあらかじめ授業者から与えられているため、一つの事例でしか子どもたちは思考しないという状況も生まれてきてしまうのではないでしょうか。

　ここでは、そのような弊害をなくし、互いの「問い」を分類・整理し、課題設定を改めて行わせる段階で、「小数÷小数の筆算はどうやるか？」といったような、計算のやり方・面積などの求め方やその意味・背景を探ったり、創り上げたりできるような課題を設定させる必要があります。

第4章　子どもの「問い」を軸とした算数学習の試み

その後，子どもたちは，自分の考えを持ち，話し合いへ参加していきました。
④「問い」の解決に向けた相互交流と全体での追究
〜場面2〜
S5：じゃあ，意見がある人は発表してください。
S3：わたしの考えは，こういう意見なんだけど，3.1÷0.7は4だと思います。理由は7×40＝280でしょ？　だから答えは違うじゃん。それで，0.7が40個だと28じゃん。それだと3.1より大きくなっちゃうじゃん。0.7が4個だと2.8だから4になると思います。
S2：わたしはS3さんとちょっと違って4であまりは3だと思います。S3さんは，こうやって小数点をつけてるでしょ？　だけどそうすると，小数でやってるけど，ここは0.3ってことでしょ？　だからわたしは小数点をちゃんと消して，整数にした方がいいと思います。
S4：ぼくもS2さんと同じでこういう式だと思います。こことここに小数点があるじゃん。だからこのままだと計算しにくいじゃん。だから小数点を右に移して計算しました。意見はありますか？
S5：ぼくは違うんだけど，答えはみんな4で同じじゃん。だけど，ぼくはあまりは0.3になると思います。わけはこの0.7は0.1が7個あるじゃん，だから，7と見るじゃん。で，この3.1というのは0.1が31個あるってことじゃん。だから，この4×7も同じだと思うから，小数点が28個あるじゃん。でもここはほんとは点が付いてるでしょ？　ここは0.7でかけるから，だから，僕はあまりは3はないと思います。
S1：わたしもS5君と同じで，みんなとちょっと違うんだけど，これはほんとは2.8でしょ？あまりが3になるのはちょっとおかしいから，「おすそ分けルール」（※）で，小数点をずらして，計算して前にあった小数点のところをまたもとに戻せば，計算できるからだからあまりは0.3だと思います。

> ※「おすそ分けルール」…第5時に子どもたちが創ったルールで，整数÷小数の筆算は小数点を小数第一位以下の位に移動し，整数÷整数に帰着させて計算するルール。

S4：はい，似た意見。
S3：わたしはやっぱり意見を変えて，S5君とS1さんの意見にします。理由は4は同じなんだけど，でもあまりが3っていうと，変じゃないけどおかしいし，それに0.3だと「おすそ分けルール」でまあ，ほんとはここは2.8じゃん。で，小数点をおろして0.3になると思います。どうですか？

〈相互交流のポイント①〉
イ　授業者の出番を控え，できる限り子ども主体で自由に話し合いができるような時間を確保する。

　S3のはじめの考えは4あまり3です。それがS5，S1（波線部）の筆算の手順の意味にふれた意見を聞くことによって自分の意見を振り返り，あまりが0.3であることに気付いています。

　まだ授業はじめの子どもの意見の吐き出し段階での変容ですが，授業者の出番を控え，できる限り子ども主体で自由に話し合いができるような時間を確保することで，子どもたちも自分たちで解決しようとする主体的な意識が育っていくのではないでしょうか。時間の短縮を考えれば，授業者がどんどん介入し，他の子どもの考えの不備を指摘しながら授業を進めていきたいところです。

175

しかし実際，他の子の意見を聞いてS3は，自分の考えを振り返り，あまりについておかしいと考え，下線部の発言「ここはほんとは2.8じゃん」のように，意見を変えています。せっかく「問い」を軸として主体的に授業を開始しているところですので，その後の解決もできるだけ子どもたち主体で行わせたいものです。

そのために，最初のS5の発言「じゃあ，意見がある人は発表してください」にあるように，S5を算数の学習リーダーとして話し合いを進めさせていくことも行っています。

〜場面3〜
S1：S5君たちに反対なんだけど，わけは，0.7という方は，小数点を消してあるでしょ？ それで，3.1の方も「おすそ分けルール」ってやったでしょ？ だったら，これは4ってことになるでしょ？ だったらこれは4×7で28ってことで，2.8じゃないんじゃないですか？
S4：ぼくもS2さんと同じで，0.3にならないと思います。わけは，こっちは消しちゃってるじゃん。それで，こっちにやってるじゃん。それで計算してるじゃん。だったら，ここもほんとはやるはずじゃん。だから，ここもやんなくていいし，ここ，消えてるでしょ？ だから，いちいちそういうことをやる必要はないので，僕はこっちは消しているので，0.3にならないと思います。どうですか？
C ：は〜……。
S5：ぼくは，でも，この計算は3.1だったじゃん。ね？ そうしょ？ それから「おすそ分けルール」で点を移動したけど，それから2.8をひいてそれから3になるというのはおかしいし，考えられないと思うから，あまりは0.3になると思います。
S4：ぼくは3人に反対なんだけど，これは消して31÷7になっているでしょ？ だからこっちで計算するから，それで宿題でこういうの出たじゃん。「おすそ分けルール」で消してやるやつ。それも同じでしょ？ あまり出たかわからないけどこういうのも出て31と7になおしたってことだから，これはいちいち0.3にしなくてもいいと思うから3だと思います。どうですか？
S3：わたしはS4君たちの意見に反対で，あまり3っていうので，確かにわる数はこえていないじゃん。あと0.1があまっているから，それは確かにこえていないんだけど，そのあまりは0.3で3じゃなくていいと思います。
S2：だけど，S1さんは，さっき3.1は，完全に消えていないっていったでしょ？ でもそうすると，書くんだけど，そういうことは，これでまた，こうなっている（小数点の移動）ってことでしょ？ こうなっている（小数点が再び元に戻る）ってことだから，それはちょっとちがうんじゃないですか？ どうですか？
S4：意味分かった？
S2：S1さんどうですか？
S1：まあ，S2さんは，そういうふうに思っているみたいなんだけど，これはたしかに小数点は移動しているでしょ？ だけど，最初の計算は3.1÷0.7だったじゃん。小数点を動かすのは，計算をしやすくしているためだから，これだと小数点が消えたことになると小数÷小数の計算じゃなくて，整数÷整数の計算になっちゃうでしょ？ だから，この点は完全には消えていなくて，小数÷小数になって0.3になった方がいいと思います。
S5：ぼくもS1さんの意見につけ足しで，そういうなんか，例えば式とかでさ，勝手にさ，5×5とかを50×50とかに式を変えてはだめじゃん。だめっていうか，だから，小数でも計算できるってことだからこれもともと小数じゃん。だから3.1÷7で計算しているだけだから，ちゃんと小数で計算した方がいいと思います。

第4章　子どもの「問い」を軸とした算数学習の試み

〈相互交流のポイント②〉
ウ　相互交流の中で，子どもどうしが進んで既習事項を使ってきちんと説得し合えるように，計算のやり方・面積などの求め方やその意味・背景を毎時間できるだけ考えさせ理解させておく。

ここでは，まだあまりが3だと主張しているS2とS4を説得しようとS5，S1，S3たちの反論が続いていますが，S2とS4の変容はありません。

しかし，S5，S1は，前述した場面2の「0.7は0.1が7個ある。だから，7とみる。この3.1というのは0.1が31個あるってこと」，「これはほんとは2.8」という発言に見られるように，筆算の手順の本来の意味を理解していることがわかります。そしてさらにここでは，波線部に見られるように，わられる数とあまりとの大小関係や，筆算の上では整数のわり算に置き換えて見ているだけであるということの指摘がなされ，あらゆる面からより一般性を持った説得がなされていく姿が見られています。ちなみにこの場面でも，授業者の介入はなく，子どもたち主体の話し合いが行われています。

ただ，S5，S1の二人も実は，はじめは小数のわり算の筆算の手順の意味について曖昧でした。ここまでの間S5，S1の二人の変容は，特に以下のような第3時や第5時に見られた学習の積み重ねの成果です。

【第3時】「1.5÷3のようなわり算はどうやるか？」を解決するために子どもたちから出てきた考え（絵や図，数直線）

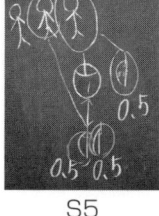

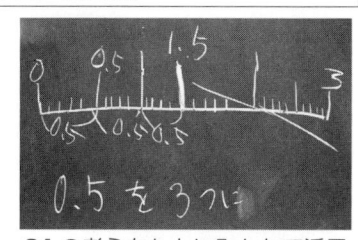

S1　　　　　S5　　　　　S1の考えをもとにみんなで活用

【第5時】「6÷1.5のようなわり算はどうやるか？」の中で（数直線）

S5，S1の二人は，このように，常に筆算の意味を考えることを繰り返していくことで，第7時には，本質を突く考えを持つことができたと考えられます。これらの表れからも，やはり，相互交

流の中で，子どもどうしが進んで既習事項を使ってきちんと説得し合えるように，計算のやり方・面積などの求め方やその意味・背景を毎時間できるだけ考えさせ，理解させておくことは，大切ではないでしょうか。

～場面4～
T ：ちょっと待って，今の話し合いまででだいたいこういう意見（あまり3）とこういう意見（あまり0.3）に分かれているような気がするんだけど，こういう時，どうするんだっけ？
C ：……。
C ：図を使う。数直線。
T ：とか，そうですね。何か具体的な場面で考えるんだよね。じゃあ，あまりが，3になるのか0.3になるのかというのをちょっともう一度考えてみて。3.1÷0.7になる具体的な問題，どんな問題が考えられる？　文章問題。
S4：3.3kgやせたい人がいます。1日0.7kgずつやせられるなら何日かかりますか？
T ：これ，3.1÷0.7の問題になってる？
C ：なってる。
T ：なってるね。
S4：おれ，他にもつくった。
T ：3.1個のリンゴをっていうのは，ちょっと無理か……。こういうの，小数の問題の時は，リンゴじゃなくて，つながっている……。
C ：数直線。
S4：りんごの皮。
C ：テープ。
T ：テープ，いいね。
S2：3.1mのテープがあります。0.7mずつ切ると，何本のテープがとれますか？
　　できますか？
T ：考えやすい方でいいよ。でも，数直線使うなら，こっち（テープ）の方がいいよ。こっち（やせたい人）でもできるけど，こっち（テープ）の方がイメージがわくと思うよ。あまりが0.3か，3かを確かめる時間だから。
　　（その後，子どもたちはノートに書きながら確かめ思考）
T ：はい，そこまで。書けていない人もいると思いますけど，あとは話し合いの中で考えよう。
S2：わたしは意見をかえて，あまりは0.3にします。理由は，数直線を書いたら，（書きながら説明）これを区切っていったら，こうなって，そしたらここは0.7mずつだからここは1mが0.1mだから，それが3個あるから，あまりは0.3mだと思います。

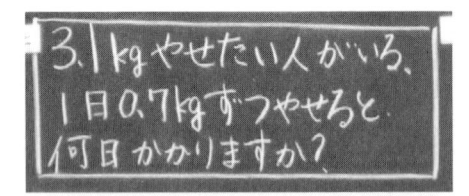

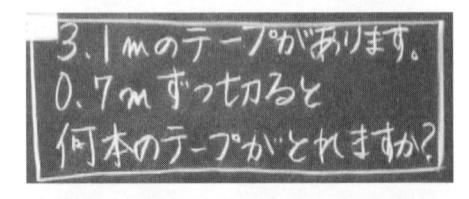

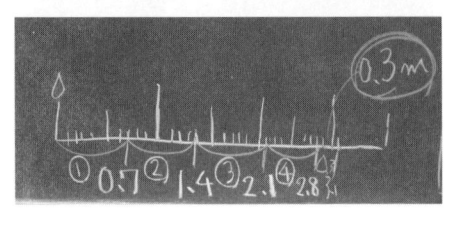

〈相互交流のポイント③〉
エ 子どもどうしのかかわりや授業者の出番によって，既習の学習との関連付けをさせる機会を設ける。

　これまで，小数のわり算の筆算のアルゴリズムを創り上げる際には，常に「式→具体的場面で確認」という作業を積み重ねてきました。また，この時間も場面3までは授業者の出番を控え，できる限り子ども主体で自由に話し合いができるような時間を確保することを心がけてきました。しかし，「あまりが3」と主張し続けるS2とS4に対して，このまま子どもたちだけのかかわりを続けさせていても「式→具体的場面で確認」という新たなる説得方法が出てくることが期待できませんでした。そのため，授業者が3.1÷0.7になる具体的な文章問題を考えさせる場面を設定し，その問題を子どもたちから引き出し，「あまりが0.3になるのか3になるのか」を改めて子どもに考えさせました（波線部）。
　それによりS2は，これまでの学習で使ってきた数直線を自分で書き，あまりが3になるのか0.3になるのかを確認後変容しています（下線部）。ここでは授業者の出番によって，既習の学習との関連付けをさせる機会を設けることが大切です。

〈相互交流のポイント④〉
オ 学習の足跡となる算数掲示をし，課題解決に積極的に活用させていく。

　また，ここでS2が数直線を使って思考したのは，学習の足跡として掲示し，課題解決に積極的に活用させていくことを日常的に行っていたためでもあります。これも「構成力・創造力」育成には欠かせない手立てだと考えます。

⑤「問い」に対する答えを導く・つくる
⑥学級全体としてどんな創造ができたか振り返る
〜場面5〜
　　場面4の続き。授業者が数直線であまりの確認をする。それでも納得しないS4。
　　(途中，割愛)
T ：3じゃなくて？　0.1が何個？
S4：3個。
T ：ということは，あまりは0.3に？
C ：なる。
T ：なりますね。
S4：え〜？！(納得しない)
T ：でも，納得いかないでしょ？　あまりは，0.3になるんだけど，納得いかないでしょ？　じゃあ，どういうルールをつくったらいい？
C ：下だけ？（「下だけ小数点の位置を変えればいい」という意味）
S4：え〜？！　それはもうあるじゃん。
T ：あのまま使っちゃうと多分，こういう小数÷小数の筆算だとうまくいきそうにないよね？　だって，あまりはちゃんと確かめたら0.3って，出たんだからね。っていうと，3.1÷0.7というのは？　どうやって計算する？　どうやって書く？　誰か言ってくれる？
S1：ふつうに計算して（書きながら説明），この点を「おすそ分けルール」で持ってくるでしょ？　こっちも持ってくるじゃん，それでふつうに計算して，4を書いて，下に28って書いて，ひき算をするとここは3になるじゃん。で，前あったこの点を下に下げて，ここに点を書いて，これだと「.3」になっちゃうじゃん。だから，ここには0と書いて，そうすればあまりはしっかりと0.3になるから，前あったところを下に書きました。
C ：あ〜。
T ：ということは？　最初に小数点は？　おすそ分けします。でもあまりは，おすそ分けしたけど？
C ：返して。
T ：そう，返してください。そうすれば，小数÷小数であまりが出る場合は，できそうですか？
S4：あまりが出る場合？　あ，そうか。
T ：この前やった時には，あまりが出なかったよね？
　　あまりが出る場合はできそうですか？
C ：う〜ん……。（その後，授業者板書）
T ：最初は小数点をおすそ分け。だけどあまりはやっぱり返して。
S1：小数点返せルール！！
T ：なになに？
S4：おすそ分け返せルール。
S5：でも，下に……，ドーナッツあげたけど，やっぱりきらいだから，下の下に返してルール。
C ：（笑い）
T ：じゃあ，「おすそ分け返せ！！ルール」できました。
　　(最後，板書，ネーミングも含めてまとめる)

〈創造の振り返りのポイント〉
　カ　子どもたちに新たに創り出した法則・定理・アルゴリズムの名前を付けさせる。

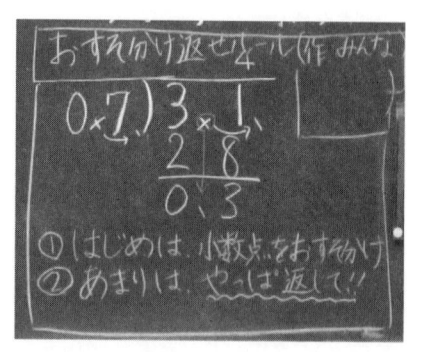

ここは，最後に解決を試みようと追究してきた課題に対する答えを導き，みんなでどんな新しい算数ルールができたかを振り返り，新しい算数ルールに名前を付ける場面です。場面4でS2が板書した数直線を使って再度，授業者がS4に対してあまりは0.3になることを確認しています。それでも筆算で計算する際には納得できなかったS4の気持ちをくみ取りつつ，だからこれまでのルールを変更しなくてはならないのはどこかを考えさせています(波線部)。
　その後，S1の発言(下線部)を通して，小数÷小数であまりが出る場合のアルゴリズム(新たな算数ルール)が創られました。さらに，できたルールにみんなでこれまで創り上げてきたルールとは異なるルール名が付けられています。
　このように子どもたちが新たに創り出した法則・定理・アルゴリズムの名前を考え，付けることで，これまでの算数ルールとどこが同じでどこが異なるかを振り返ることができました。また，子どもたちの反応からも，自分たちで創り上げたという実感・意識を持つことができたと分析できます。

⑦創り上げた知識・技能の定着（次の場面へ活用できるよう習熟）

　第9時～第11時までは，みんなで創り上げた算数ルール(知識・技能)の定着をねらう時間として位置付けました。したがって，教科書に掲載されている例題や練習問題，その他，子どもの「問い」には出てこなかった問題を授業者側から提示して解いていく，ドリル的な学習を重点的に行いました。

⑧さらに追究したい「問い」を出し合う

　いよいよ単元の終末段階です。小数のわり算についての「はてな(?)」がほぼすべて解決した後，以下のように問いかけました。

> 小数のわり算やわり算に関して，さらに疑問に思ったことがあれば出し合ってみよう。

　すると，さらなる「はてな(?)」として新たに以下のような「問い」が出てきました。

> 　　　　みんなのさらなる「はてな(?)」～「小数のわり算」の巻～
> 【1】もっと小数点以下の位の多い小数のわり算ってできる？　どうやる？
> ・ 8.981÷2.999のようなわり算はできるのか？　どうやるか？(S2)
> ・「おすそ分けルール」をしてもまだ小数になってしまう計算はどうしたらできるのか？　例えば，68.23÷12.31など(S1)
> ・ 91674569138734567891793412.413567÷9189.47918は，どうやるのか？(S3)
> ・ 78.91÷3はどうやるのか？「おすそ分けルール」は使えるのか？(S3)

- 870965321.4315÷6は，どうやるのか？（S2）
- 12345432153982681968.159÷29409180は，どうやるのか？（S4）

【2】商が無限に続くわり算は，どういうものがあるのか？
- 「あまりあるールール」と「子どもどんどん作るールル」は，どうやって見分けるのか？（S4）
- 無げん小数は，どうやって見分けるのか？（S2）
- 1÷3の答えはどこまで続くのか？　何でわりきれないのか？（S4）
- 「子どもどんどん作るールル」は，どの位までも続くのか？（S2）

【3】「おすそ分けルール」を使わずわる数が小数のわり算はできるか？（S5）
- 「おすそ分けルール」を使わなくてもわり算はできるのか？（S2）

【4】自分たちが作ったルールの本当の名前は？
- 「おすそ分けルール」や「たなあげ，たなさげルール」の本当の名前は何か？（S3）

【5】分数のわり算はできるのか？（S1）

【6】その他
- 今までつくったルールをすべて使う計算はあるのか？（S5）

本来，学びは「問い」の連続によって展開されるものです。それが，本書で言う「『問い』を軸とした算数授業」です。学校で行われる授業もできるだけそうありたいと願っています。そのため，単元の終末には，さらなる「問い」を引き出す段階を設定しました。本心は，これらの「はてな（？）」を基にさらに授業を進めていきたいところですが，授業時数等の制約もあり，やはりすべて解決することは困難です。ここでは割愛しますが，授業外の学習活動として，子どもたちに，上掲の「さらなる「はてな（？）」」の中から自分が興味を持ったものを一つずつ選ばせ，算数レポートを作成することを試みさせました。

### ❸ 成果とさらなる発展

これ（次ページ）は，子どもたちの感想です。どの子どもにも「算数を自分たちで創り上げることができた」という達成感や充実感を読み取ることができます。もちろん，授業者が課題を与えて，それを自分たちで解決する中でも似たような達成感は得られると思います。しかし，よりみんなで創り上げるという意識を高め，本来の学びに近づけるには，「問い」はやはり不可欠です。このクラスでは，一年間を通して，ほぼすべての単元で「問い」を軸とした算数授業を展開してきました。そして，一年間の算数授業を終えた後に算数授業アンケートを実施しました。詳細は割愛しますが，その中では，「どの子どもも自分たちの「問い」を解決していく学習が楽しい」と答え，その理由として，「自分たちで学習し，みんなで協力して創り上げていっている実感があるから」と答えています。この表れを見ても「問い」を軸とした算数授業は，一人一人の主体性を育み，より本来の学びに近づける可能性を秘めているのではないでしょうか。

第4章 子どもの「問い」を軸とした算数学習の試み

| |
|---|
| 私は小数のわり算の勉強をやってとても楽しかったです。いろんな意見が出てきて，反対や賛成意見がたくさん言えたからです。算数ルールは，おもしろい名前が出てきて，考えるのがとっても楽しかったので，とても達成感がありました。(S1) |
| 話し合いで特におすそ分けルールが私は一番楽しいと思います。おすそ分けルールの中のおすそ分け返せルールが楽しい話し合いでした。最初は，あまりが3でもいいと思ったけど，数直線を書いて，0.3だということがわかったからです。他にも難しいと思ったのが，おすそ分けルールです。どうやって答えを出すかわからなかったからです。けど，わかったからよかったと思いました。ルールをつくったのは，達成感もあり，自分たちでつくったような感じだったと思います。ルールは，みんなでつくったのが多いです。(S2) |
| 楽しかったところは，特に話し合ってルールを決めるまでです。みんなと話し合って，そこちがうや同じやそこからこれはこれだからこういうルールにしようというのがとっても楽しい。ルールをつくった達成感はある。2，3時間やって先生には教えてもらうけど，自分たちが話し合って決めたルールが使えるというのが達成感を感じる。(S5) |
| たくさん反論や賛成をした。たくさんのルールをつくり，それを使うことが出ていたから達成感は大いにあった。(S4) |
| 今までやってきた話し合いで一番おもしろかったかもしれません。理由は，ルールをつくるときに，今まではルールをつくっていなかったので，自分たちがつくったルールを宿題などに使えるということがうれしいと思ったときがあったから，つくってよかったなと思いました。また，つくったルールは，すごく役立つし，覚えやすかったからいいと思うし，達成感はあったと思います。(S5) |

　最後に，この授業がさらに発展できる可能性として以下の二点を挙げます。
　第一点めは，一つの事例のみを扱ってすぐに結論に導かず，岡本が提唱する「資源へのアクセスの保障」(p.14)をして子どもの追究活動により幅を持たせていくことです。そうすることで，子どもたちから「もっと他の事例でも確かめてみたい」という一般性に関する子どもたちの意識のさらなる高揚が期待でき，より本来の算数・数学の学びに近づくことが期待できます。
　もう一点は，今回は単元の終末段階でレポートを作成し，読み合う活動を展開しましたが，この活動を単元の軸に据えた授業をしていくことです。そうすることで，「生徒が「数学する」数学の授業」をはじめに実践した静岡大学教育学部附属中学校のように，もっと一人一人が自分の「問い」にじっくり向き合うことができるのではないでしょうか。また，それらを相互にリンクさせながら新たな算数・数学の世界を創り上げていくことがでれば，よりダイナミックな学習の展開が期待できます。

　　　　　　　　　　　　　　　　　　　　　　　　　　　（佐藤友紀晴）

## 第5節　低学年における「問い」を軸とした算数学習

### ❶ 授業の構想

#### │1│子どもの「問い」を生かすことの必要性

　平成16年3月に「静岡県『確かな学力』育成会議」から「静岡県の子どもに『確かな学力』を」という提言が出されました。その中で，近年の子どもたちをめぐる現状と課題の一つとして「学習意欲の低下」の深刻さを指摘し，それを踏まえて，学校における授業の在り方について次のような提言を行っています。

> 第3章　学校に期待すること
> 1　授業の在り方について
> 　(4)　「分かった，できた」「使える，役立つ」ことを実感させる
> 　ア　「学ぶ意義が感じられる授業」づくり
> 　　・「なぜ，どうして」という知的な驚きや感動を与えるような教材や発問を工夫し，知的好奇心を喚起したい。これが，結果的に学習意欲を高めることになる。最終的には子ども自らが課題を持ち，追究していけるようにしたい。

　この提言を受け，以下のようなことが考えられると思います。
・学習意欲を高めていくためには，知的な驚きや感動を与えることのできる教材開発や発問の工夫が求められる。
・それは大切なことであるが，「学ぶ意義が感じられる授業」として最終的にめざすべき姿は「子ども自らが課題を持ち，追究していく」ような授業である。それは，教材開発や発問の工夫をしていけば，おのずとそうした授業ができるようになるというものではない。
・そうした意味で，これからの授業実践では，教材開発と発問の工夫をしていくだけでなく，並行して「自らが課題を持ち追究していく」ような授業づくりのあり方を考え，試みていく必要がある。

　ここで取り上げる授業実践は，そうした試みの一つです。

#### │2│低学年における子どもの「問い」の位置付けと生かし方

　低学年では，どの程度の「問い(はてな?)」を期待し，それをどのように学習課題として生かしていけるのでしょうか。生かしていけばよいのでしょうか。

次のことはそのための筆者の考えです。
　高学年：単元の本質となり得る「はてな？」を持つことができる。
　　　　　→そのほとんどが学習課題となり，子どもたち主導の話し合いで学習課題が決まっていく。
　中学年：どんな「はてな？」がよいのかを意識しながら「はてな？」を持つことができる。→そのいくつかが学習課題となり，教師と子どもの話し合いで学習課題が決められていく。
　低学年：様々な「はてな？」を持つことができる。→その中に学習課題となるものもあり，教師が中心となって子どもと話し合い，学習課題を決めていく（時には，教師が学習課題となり得る「はてな？」を例示する）。

### ❷ 学習の流れ

**①単元の目標を踏まえて，身近で具体的な「問題」を考えさせる**

　岡本も考えているように（p.2），子どもたちはそもそも様々なことに「なぜ」という「問い」を持っています。私のクラスの子どもたちも，日常の生活の中で「どうしてなの」，「なんでそうなるの」ということをよく質問してきます。
　そこで，そうした子どもたちの実態を生かし，子どもたちの日常生活に関連付けたことやゲームなど実際に体験したことを単元の目標を踏まえながら「問題」として提示し，考えさせる導入を行います。

**②「問題」を踏まえ，「はてな？」を出させる**

　出された「問題」を考えていく過程で，子どもたちが「どうしてだろう」，「どうなるのだろう」と思ったことや「問題」を解決した後で「別の場合にはどうなったのだろう」，「もっと違う場合でやってみたいな」と感じたことを「はてな？」として取り上げます。この時，「はてな？」をノートに書かせることや，子どものつぶやきを拾い上げて「はてな？」として紹介することもあります。
　初めて「はてな？」を書かせた時には，算数とは全く関係のないことや，数字を単に大きなものにした「はてな？」が多く出されました。そこで，価値ある「はてな？」を出せるようにしていく必要があると感じました。そのため，まず，「はてな？」が書けた時はそれを褒め，認めていきました。そして，価値のある「はてな？」が出された時は，それを学級全体に紹介しました。さらに，その「はてな？」を教室の算数コーナーに掲示しておくようにしました。

これらのことを通して子どもたちは，単元で「何を学習するのか」を考え，さらに，どのように「はてな？」を書けばよいのかを少しずつ理解できるようになってきました。

③「はてな？」の一覧表を配布し，それを基に学習計画を立てる

　子どもたちは多くの「はてな？」を出すことができます。その中には，上級学年で扱われる内容が出てきたり，教師の予想を超えた「はてな？」が出てきたりすることもあります。

　そこで，まず，どんな「はてな？」が出たのかがわかるように子どもたち全員の「はてな？」を一覧表にして配布しました。そして，何から学習をしたらよいのかを子どもたちと一緒に話し合いました。

　低学年の子どもたちにとっては，自分の「はてな？」を解決したいという思いがとりわけ強いように感じられました。そこで，話し合いでは「どの『はてな？』だったらすぐにできそうかな」，「今まで習ったことを使ったら簡単にできそうな『はてな？』はどれ」といった視点を与えて話し合わせるようにしました。すると，学習課題としてどの「はてな？」を学級で取り上げるかについて，子どもの思いと教師の思いが比較的一致してきました。

　このようにして，様々に出された「はてな？」が学習課題として決められ，学級のみんなで解決していくことになります。

④学習計画を基に，「はてな？」を解決し，「算数を創る」

　算数の学習において，筆者は，「算数を創る」という思いを持って子どもたちと学習に取り組んでいます。

　低学年の子どもたちにとっては，自分一人で課題を解決していくことはまだ，難しいことがあります。そこで，友だちと協力をしたり，教師と一緒に考えたりしながら課題を追究していきます。

　そして，単元の終わりには，課題を解決したことによって「何が創られたのか」という視点で子どもたちと振り返りをしてまとめます。

　子どもたちは自分の出した「はてな？」をみんなで解決し，新しいものを生み出したことに満足したり，喜びを感じたりすることができました。

### 3 授業の実際

－1年：「ひきざん」－

〈単元の目標〉 1位数の減法の計算の仕方を考え，計算をすることができる。

［第1校時］【「問題」を考える】
T：絵を見てひきざんの問題をつくりましょう。
S：いすにすわっている子どもが9にんいます。ミルクが12本あります。ちがいはなん本でしょう。
S：しろいたまごが6こあります。ちゃいろのたまごが4こあります。ちがいはなんこでしょう。
S：いけにひよこが12わいます。3わ出ました。のこりはなんわでしょう。
S：ぎゅうにゅうが12本ありました。男の子に1本あげました。のこりはなん本でしょう。
S：はじめにたまごが10こありました。たまごから3わひよこがうまれました。のこりはなんこでしょう。
S：川にひよこが9わいました。3わ出ていきました。のこりはなんわでしょう。
☆どの子どもも，ひき算の問題づくりをすることができました。また，一つだけでなく二つ，三つと問題づくりに取り組むことができました。

［第2校時］【「はてな？」を出す】
T：昨日の問題を式にしてみましょう。そして，「はてな？」と思うことを書いてみましょう。
（「めあて」：「もんだいのしきをかんがえ，はてな？をかこう。」）
T：式を確認しましょう。（すべての問題の式を確認する。）
S：12－9，6－4，12－3，12－1，10－3，9－3
T：やったことがあって，解けそうな問題はどれでしょう。やってみましょう。
S：6－4＝2　9－3＝6　10－3＝7
T：では，残りの式を見て，「はてな？」とか「やってみたいな」と思うことを書いてみましょう。
S：12－1は，ほんとうにけいさんできるのかな？
S：12－2のこたえはなんになるのかな？
S：12－3のけいさんは，どうやってけいさんするのかな？
S：12－9のしきは，どうこたえるのかな？
S：大きいかずだったらどうやってけいさんするのかな？
S：12－9のけいさんはどうやってけいさんするのかな？

☆前回のたし算の時に出された「はてな？」を参考にしながら，ほとんどの子どもが価値ある「はてな？」を考えることができました。

［第3校時］【学習計画を立てる】

(「はてな？」の一覧を配る。)
T：みんなが出した,「はてな？」を表にしてみました。
　たくさんの「はてな？」が出てきました。どれからみんなで考えていこうかな。
　すぐにわかりそうな「はてな？」はどれですか。
S：12－1と12－2かな。
S：ぼくは，12－9をまず考えたいな。
(12－1と12－2という意見がほとんどであった。)
T：では,今日はまず,12－1を考えてみましょう。
(「めあて」：「12－1のけいさんのしかたをかんがえよう。」)
S1：12を10と2に分けて,2から1をひけば1になるね。それで,10と1で11だね。
S2：12－1は12より一つ少ないだけだから11になるよ。
S3：ブロックを12個出して,そこから一つとると11になるよ。
T：そうだね。S1さんは,10と2に分けて,2－1をして計算をしていきました。
　いままでに習ったことを使って考えたところがいいですね。
　S2さんやS3さんの考え方でもできますね。
T：そうすると,12－2もすぐにできそうだね。
S：10と2に分けておいて,2－2をしたら0だから答えは10と0で10になるよ。
S：二つ引くくらいならすぐに答えが10ってわかるよ。
T：そうですね。今日は,二つの「はてな？」を考えることができましたね。

☆出された「はてな？」の中で,すぐに解決できそうだなと子どもが感じた「はてな？」についてから考えるように計画を立てました。また,今回はその時間内で二つの「はてな？」を解決することができました。

［第4校時］【課題を解決し「算数を創る」】
T：今日は,12－9を考えてみたいという意見が出ていたのでみんなで考えてみよう。
(「めあて」：「12－9のけいさんのしかたをかんがえよう。」)
T：この前は,10と2に分けて計算をしましたね。今日は,この前とどこがちがうんだろう。
S：2から9がひけないから10の方からひいたらいいと思います。
S：そうだね。10－9で1になるね。
T：答えは1でいいのかな。
S：……。
T：ブロックでやってみましょう。
　12個ブロックを並べ,10個と2個に分けますね。10個の方から9個とりました。

さて，残ったブロックはいくつでしょうか。
S：3個です。
T：そうですね。ここに二つ，ひいて残ったブロックが一つで合わせると3個になるね。みんなで，ひき算の計算の仕方を創ることができました。
　　　まとめ　①12を10と2に分ける。　　②10－9をして1になる。
　　　　　　　③1と2を合わせて3。　　　④12－9＝3

☆ひき算の計算の仕方が出来上がった時，自然と学級に拍手がわき起こり，子どもたちのうれしそうな顔が印象的でした。「はてな？」が解決できたことに満足をしていることがうかがえました。

### 4　成果とさらなる発展

　子どもたちが，「先生がやろう」と言っているから「やる」のではなく，「私たちがやりたいからやる」という思いを持つことが大切だと筆者は考えています。

　1年生という低学年の子どもたちだったのですが，自分の「はてな？」が取り上げられ，解決されていくことに喜びを感じるとともに，学習へのさらなる意欲を見せました。これは，「はてな？」を出し合い，みんなで取り組んでいく課題を決め，それを解決し，計算の仕方を創っていくという算数学習の大きな成果であったと言えるのではないでしょうか。

　こうした学習体験は，前掲したような中学年，高学年における「問い」を軸とした算数学習を実現していくための基礎となるものです。そのためにも，低学年の時からの積み重ねと継続が大切ではないかと考えています。

　さらに，低学年の子どもたちは，自分中心で，「自分が一番」という思いが強いのですが，こうした学習体験は，友だちを大切にする気持ちを育て，その中で自分も役立てたという自信を持たせていく場と時を提供したのではないかと考えています。

　　　　　　　　　　　　　　　　　　　　　　　　　　　　（斉藤隆治）

# 第6節 子どもの「問い」が息づく算数学習アラカルト

## ❶ 算数の世界へののめり込む第一歩
－2年：「どんな計算になるかな」－

### │1│はじめに
　やらされ人間ではなく，主体的に友だちと関わり合って学習する子どもをめざしています。教師は，教えたい内容をいかにして子どもが知りたくなるようにするかが大事であると考えます。それには，「問い」を軸にして，子どもが問い続けるように仕組むことが大切であると考え，次のように実践しました。

### │2│授業への思い
　2年生「どんな計算になるかな」という題材は逆思考の問題です。第1時では，12＋□＝28となるような加法の場面において，□は28－12と減法で求められることを見つける授業です。これまで積み上げてきた知識と違い，逆から考えていくため，「問い」が出やすい反面，難しいと感じる子も多くいます。そこで，ちょっとした子どもの「問い」「解決」を繰り返しながら，中心的な「問い」にのめり込んでいくように仕組んでいきました。

### │3│授業の実際と意図

〈第1時〉　　　－授業記録（導入部分）－

T：（半透明なケースに，いちごの模型を入れて子どもに見せる。）
P1：あ！　いちごだ。本物かな？　食べたいな！
P2：いくつあるのかな？
T1：P1さんは生活科の頭が働いているね。P2さんは算数の頭になってきたね。
T2：P3さん数えてみてね。
P3：（机の上にいちごを出して，P3が一つずつケースに入れながらみんなで数えていく）12こ。
T3：○○先生からもらったいちごだよ。（紙袋に入っていて中が見えない）これをケースに入れるからね。
P4：たくさんになったね。
P5：いくつになったのかな？
P6：30くらいかな？
T4：みんな算数の頭になってきたね。P7さん，数えてみてよ。

－仕組んだ意図－

T：いちごの数がはっきりわからないように半透明にして興味をより引き出すようにした。

T1，T4：数への感覚が鋭くなるように，また，全員が授業に集中してくるようにした。

※子どもが「問い」を出し，子どもが数える活動を通して，徐々にのめり込んでいくようにした。

P7：黒板にいちごの模型を一列に並べて数える。28こあったよ。
T5：わかりやすくこれまでのお話を文にしてみよう。（「はじめに」と板書する）
P8：いちごが12こありました。
T6：次に○○先生が
P9：16こくれました。
P10：え、まだわからないから「何こくれました」だよ。
T7：そしたら？
P11：ぜんぶであわせて28こになりました。
T8：そう、「全部で28こになりました。」これでおしまいだね。
P12：え！　何かへんだな〜。
P13：ここで終わっていいの？
P14：○○先生から、いくつもらったかわかっていないよ。
T9：じゃ、知りたいことがあるんだね。
P14：○○先生からもらったいちごの数です。

T5：活動からの問題づくりを通して、算数ことばの意味を意識させる。
「はじめに」、「次に」等の順序を表す言葉を示すことで、重要な言葉・数を自ら意識できるようにする。

T8：袋の中の数を子ども自らが意識できるように「これでおしまいだね」と言った。

※場面の作文づくりを通して順思考のイメージを強めた。
※次に記すP15の子どもの悩みが中心的な「問い」になった。

　このようにして始まった授業は、各自おはじき等で操作して16になることはわかったものの、P15「たし算だと思うけど、ひき算で計算すると16になる。なぜ？」という悩みが出ました。考える中で、P16「はじめに28こあって、次に、12こをとると○○先生の持ってきたいちごの数になる」という文章の作り替え（逆思考）をした子が出てきて1時間目が終わりました。この後、2色の棒（テープ図）を使った操作を通して、順思考・逆思考について深めていきます。

## 4 おわりに

　「子どもを算数の世界に誘い込むために「問い」をどう仕組むか」に重点をおいて、授業を組み立ててきました。「問い」を共有化しながら、「解決」に自分らしさを見つけたときの子どもの顔は、何とも言えない輝きを放っています。「問い」が浮かんでくる楽しさ、自分から考える楽しさが実感できれば、算数のみならずいろいろな学びに積極的な子が育っていってくれることと思います。

（尾上　弘）

## 2 素朴な疑問と「問い」から教材の本質に迫る授業
－4年：「三角形」（めざせ図形博士）－
|1| 「問い」が生まれる授業構想の工夫

　子どもたちは，教科書の内容を順次学んでいくことでいろいろな考え方や知識を習得していきますが，その内容をもう一度振り返り，考え直す機会を与えると新たな疑問を持ち，今まで得た知識をさらに深めていこうとする姿を見せてくれることがあります。教わるという意識ではなく，自らが課題意識を持って意欲的に，主体的に追究していこうとする姿です。

　そこで，子どもたちの素朴な疑問を大切にし，そこから生まれる「問い」を生かした授業の展開を構想してみました。

　4年生は，図形領域では「円と球」と「三角形」，量と測定領域では「角」と「面積」の学習をしてきています。授業では，まずそれらの単元の学習で「おもしろかったこと」，「難しかったところ」などを自由に発表させました。子どもたちから出てきたのは，「正三角形を組み合わせていろいろな図形を描くのがおもしろかった」，「コンパスで描くのが難しかった」といった感想に近いものでした。そこで，もう一歩踏み込んでみました。「教科書やノートを見てもいいから，その『おもしろかった』ことや『難しかった』ことをもう一度振り返って見直してみよう，その時の学習で『まだよくわからないこと』，『疑問に思うこと』，『もっと調べたりやってみたりしたいこと』があるかもしれない，それらを具体的に書いてみよう」と働きかけました。

　次の疑問や意見はその一部です。追究していくと楽しそうなもの，教材の本質に迫っていけそうなものがいろいろ挙げられました。

・なぜ三等辺三角形と言わないの？
・なぜ二等辺四角形がないの？
・同じ大きさの正三角形で，二十面さいころを作りたい。
・三角形を使って模様や絵を作ってみたい。
・コンパスを使わなくても円を描く方法を考えたい。
・色々な図形の名前など調べたい。

|2| 授業の実際

　「なぜ三等辺三角形と言わないの？」という疑問が，子どもたちの「問い」になりました。子どもたちは議論を始めました。

「二等辺三角形があるんだから三等辺三角形でもいいんじゃないの」,「正三角形のほうが短くていいよ」,「二等辺・三等辺・四等辺の方がわかりやすいよ」,「四等辺三角形はないよね」(笑)など,いろいろな意見が出ましたが,「正三角形と決めたから正三角形なんだよ」という意見でその議論が終わりそうになりました。

　そこで教師が入り「正三角形と決めたんだろうけど,なぜ三等辺三角形でなくて正三角形にしたのかな」と聞いてみました。すると,また議論が始まりました。「そうだ,正は正しいだから,一番正しい三角形って意味だよ,正方形も一番正しい四角形って意味だ」,そして「四等辺四角形って言わないものね」といった意見が出たので,「じゃあ,正方形ではない四等辺になる四角形ってあるのかな,あったら描いてごらん」と一言付け加えると,子どもたちは話をやめ,夢中で図を描き始めました。コンパスを使って描こうとしたり,同じくらいの鉛筆を四本くっつけたり試行錯誤をし始めました。

　やがて,「四等辺四角形が描けたぞ」,「正方形ではないな」,「ひし形って言うんだ」,「そうだ,正方形は,四辺が等しいだけじゃあなくて,角度もみな直角なんだ」,「正三角形も角度はみな60度だ」,「正というのは辺の長さだけでなく,角度も同じことを言うんだ」,「だから,三等辺三角形でなく正三角形なんだ」といった意見がどんどん続いて出始めました。

　素朴な疑問から発した議論が,教材の理解を深める議論へと発展していきました。「定義だから」で学習を終えずに,なぜその定義になったのか考えることを通して,今まで見えなかったものが見えてくるという,教材の本質に迫る授業になっていきました。そして,この議論は「正五角形,正六角形はどうやって描けばいいのだろう」という「問い」へと連続していきました。

　いろいろな学年,いろいろな領域の学習で,子どもたちの素朴な疑問に,どきっとさせられることがあります。それを無視してしまうのではなく,一緒に考えていくことは,教師にとっても楽しいことです。そして,子どもたちの疑問や「問い」をうまく扱ってあげることができれば,算数に夢中になって取り組む子どもの姿を見ることができるのではないか,算数が好きになる子どもが多くなっていくのではないかと思います。そうした授業を繰り返して実践していけたらと考えています。

(鈴木基之)

### 3 「問い」を軸に単元を通した学習をめざして
－２年：「長さ」—
|１| 「問い」が生まれる導入の工夫
①興味をひく教材との出会い

　２年生の子どもたちは折り紙遊びが大好きでした。雨の日は，「ぴょんぴょんがえる」をとばして遊ぶ子どもたち，そんな中でより遠くにとばそうと自然と長さに関心を示していきました。そこで，単元の導入で，「かえるとばし大会」を設定することにしました。

　この活動から，子どもたちはグループの中での順位を付けるために自然と長さ比べを始めました。

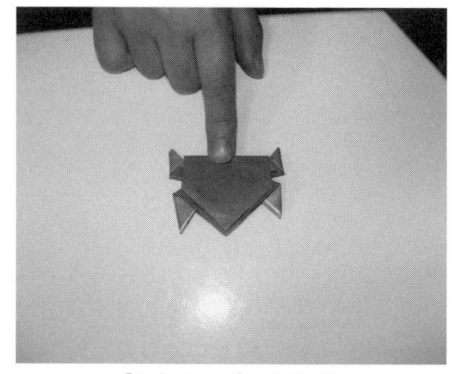

［かえるとばしの遊び］

　その際，１年生での既習を思い出し，身の回りのものを任意単位として，そのいくつ分か，という考えを使って測ろうとしました。ところが，子どもたちの中から「同じ長さのものでないと比べられないよ」という意見が出され，共通単位を見つけることにしました。話し合いの結果，みんなが持っている同じ積み木を使って測ることになりました。

②不便さを味わうことで生み出す「問い」

　子どもたちは，自分の記録を積み木いくつ分かで表し，クラスのチャンピオンを決めました。そこで，チャンピオンになった子が，家の人にとばした長さを電話で伝える場面を取り入れました。ところが，子どもたちは，積み木いくつ分では，離れている人に長さを正確に伝えることができないことを知り，普遍単位の必要性に気付くことができました。

　普遍単位「１cm」を知った子どもたちは，自分の記録は何cmか調べたいという気持ちを持ったので，１cm四方の紙片を並べる活動を取り入れました。１cmの紙片を隙間なく並べる中で，時間がかかったり，曲がったりという不便さを感じた子どもたちは，「もっと速く測るにはどうすればいいのかな？」，「１cmよりはみ出したところはどうやって測るのかな？」，「まっすぐに測るに

はどうすればいいのかな？」などと長さに対する様々な問いを生み出すことができました。不便さが「問い」を生み出したのです。

## |2|「問い」から学習計画を立てる

次に，単元の導入で個々が持った「問い」を学級全員で共有することにより，共通の「問い」として課題意識を高める活動を取り入れました。そうすることにより，「問い」が学習課題へと高まり，単元の学習の見通しを持つことができると考えたからです。子どもたちは，「長さを簡単に測るには，どうしたらいいのかな？」，「1 cmで測れない長さは，どうやって測ればいいのかな？」，「長さの計算はできるのかな？」などの「問い」を「はてなカード」に書き，黒板に貼っていきました。教師とともに個々の「問い」を仲間分けし，互いに問いを見合いました。そして，次のような大きな三つのタイトルの学習課題に分け，教師とともに学習計画を立てました。

①長さを速く正確に測る
②1 cmで測れない長さ
③長さの計算

## |3| 新たな「問い」の見出し

毎時間の学習後のまとめでは，その時間にみんなで創り上げた学習内容とともに，新たな疑問や感想を書かせることにしました。すると，「1 cmは何mmなのかな？」や「まっすぐの線を描くにはどうしたらいいのかな？」など，第1時にはなかった新たな問いが生まれていました。そこで，その「問い」を学級のみんなに紹介し，次の学習へとつなげることができました。例えば，「いろいろな長さをものさしで測ることができるかな？」という「問い」を生かし，身の回りのものの長さをものさしで測る活動を取り入れました。子どもたちは，自分たちの「問い」から，ものさしで測定する活動が生まれたことで，教室中のいろいろなものの長さを意欲的に測ることができました。ものさしで長さを正確に測ることができることを知った子どもたちは，もう一度「かえるとばし大会」をしたいと申し出てきました。そこで，単元の終末に「かえるとばし大会」を設けることにより，学習事項を振り返りながら，長さを正確に測定できるよさや遠くの人に長さを伝えることができるよさを味わうことができました。

（新保有里子）

### 4 子どもたちから「問い」が生まれる授業展開
－3年:「重さ」－
#### |1| 授業の構想
　この単元で，子どもたちから「問い」が生まれるようにするために，単元の導入で，近隣の量販店で買ったブロック型の発泡スチロールと石を子どもたちに提示しました。その意図は，単元の特性である，「重さは，『かさ』や『長さ』のように見た目ではその量を測ることができない」という意外性に気付き，そこから，「重さはどうして見ただけではわからないのだろう？」という切実感のある「問い」を子どもたちから出させたいと考えたためです。また，子どもたちの中には「発泡スチロールは軽い」，「石は重い」という固定観念があるだろうと想定し，石は，発泡スチロールよりわずかに軽いものを選びました。しかし，実際に手に乗せてみると，石の方がはるかに小さいのに，持った感触では石の方が重く感じるのです。このことも重さの面白さであり，「どうすれば，はっきり違いがわかるだろう？」という「問い」も導き出せると考えました。

　このように，子どもの率直な「問い」から授業を構想することで，重さの測定方法を考え合い，計測器を用いて正しく測らなければならないという必然性のある学習展開になるとの想いを持ちました。子どもたちの「問い」を，単元を通して追究していくことが，子どもたちが主体的に学習に取り組む動機付けにもなるのではないかと考えました。

#### |2| 授業展開（第1時）

○ブロック形の発砲スチロールを重そうに持ちながら問う。
　T　○○店で，売っていたんだけど，見たことある？
　・わー何だろう？？
　・ブロック？！
　・重くないんじゃないかな？
　・軽そう！　発泡スチロールみたいに見える。
　・石に決まってるよ！（多数）
　T　何で発泡スチロールの方が軽いってわかるの？
　I　見ただけじゃはっきりしないから，どうやって比べればいいのかな？
　K　（つぶやき）持ってみないとわからないから……。
　T　手に持って比べてみよう
　※何人かが持ってみた結果，ほとんどの子どもが「石」と答え，「よくわからないけど，たぶん石」という子どもが少数いた。
　T　実は，発泡スチロールの方が重いのです！

```
・えー！！・納得しない，絶対嘘だ！
T  困ったね。
S  見たり持ったりしただけでははっきりしない物はどうやって比べればいいの？
         子どもの考え                    検証の様子
┌─────────────────────────┐   ┌─────────────────────────┐
│ A  シーソーのように吊してみよ │→ │ ハンガーばかりを提示し，測ってみ │
│    う。重い方が下がるよ。      │   │ たら，ごくわずかに発泡スチロール │
│                             │   │ の方が下がった。              │
└─────────────────────────┘   └─────────────────────────┘
┌─────────────────────────┐   ┌─────────────────────────┐
│ B  水に浮かべてどちらが速く沈む │   │ 石はすぐに沈み発泡スチロー    │
│    か実験してみたいな。        │→ │ ルは浮いたまま。             │
└─────────────────────────┘   └─────────────────────────┘
┌─────────────────────────┐   ┌─────────────────────────┐
│ C  下に一緒に落としてみて，速く │→ │ 落とすタイミングが合わず，    │
│    落ちた方が重いと思うよ。    │   │ 測定が難しかった。           │
└─────────────────────────┘   └─────────────────────────┘
┌─────────────────────┐       ┌─────────────────────────┐
│ D 「はかり」を使えば     │       │「測り方がわからないからすぐに測れない」と │
│    わかると思うよ。      │→     │ いう声が多く，本時では扱わなかった。    │
└─────────────────────┘       └─────────────────────────┘
  すごい！ 発泡スチロールの方が重い！ ハンガーの傾きを見れば違いがわかるね！
  T  手に持って比べるよりハンガーばかりを使った方が重さの違いがわかるね。
```

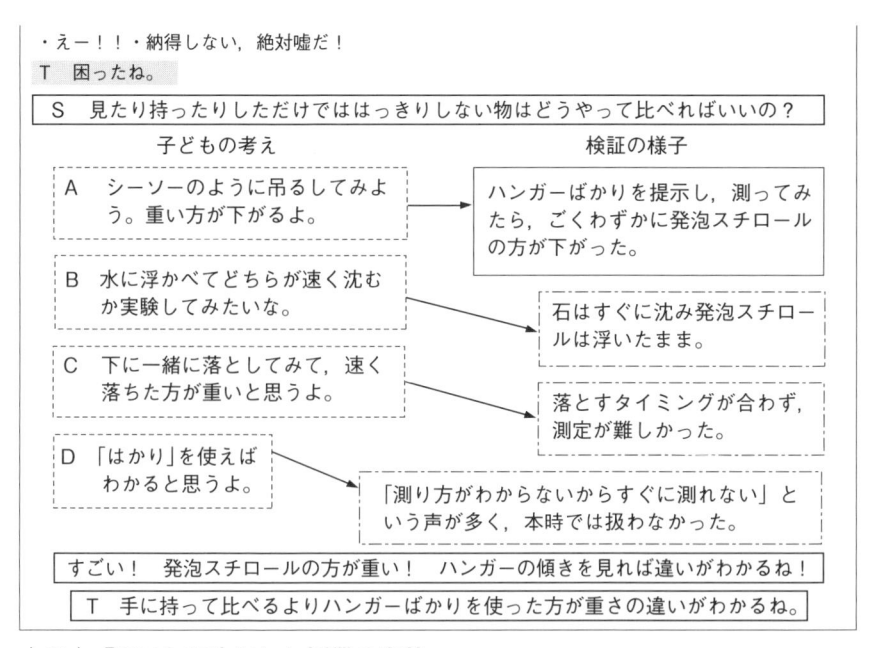

## |3| 「問い」を生かした授業の意義

　今回の実践で扱った発泡スチロール製のブロックと石は，子どもたちにとって馴染みの薄いものでしたが，それが上記Ｓのような「問い」を引き出すきっかけになり得たのは，教材の意外性が，多くの子どもたちの好奇心をくすぐるものであったためだったからだと考えられます。

　そして，子どもたちから生まれた「問い」を取り上げ，考え合うという学習を通して，子どもたちは生活経験を基に様々な考えを発表するようになりました。

　給食のデザートの容器に，重さの表示があることに気付いた子に触発されるように，身の回りから様々な重さの表示を集めて来る子が増え，教室にそれらを紹介する「重さコーナー」もできました。これは，子どもたちの主体的に学ぶ姿を反映しているのではないでしょうか。Ｋ君の「つぶやき」やＳさんの「問い」を授業の軸にせず，教師の側から課題を提示し続けていたら，このような「重さ」の学習への興味は持続しなかったでしょう。子どもたち自身が，教材や課題に対し問題意識を持たなければ，追求しようという思いも生まれないはずです。それは授業に限らずあらゆる生活場面で言えることだと思います。

（中川田美子）

### 5 「問い」を生み出す作業的・体験的な活動
－6年：「平均」（ならしてグー！）－
|1| 授業の構想と授業実践

　子どもたちが，教材に驚きや不思議さを感じ，「○○はないのかな？」，「○○はできるのかな？」といった「問い」を持つためには，作業的・体験的な活動を取り入れることが有効ではないかと考え，「平均」の核となる「ならす」という概念を理解させる単元の導入場面で，次のような授業を行いました。

　T：五種類の柑橘系フルーツのうちから自分の好きなフルーツを選んでジュースを作ろう。

　〈用意したフルーツ〉　グレープフルーツ(アメリカ産) 五個，甘夏四個，
　　サンフルーツ八個，オレンジ九個，グレープフルーツ(日本産) 七個

　C：(一人一個ずつ，フルーツを選び，それぞれジュースを絞る。)
　T：どの種類が一番ジュースがたくさん絞れたかな。
　C：同じフルーツでも，一個から絞れた量はそれぞれ違うよ。
　C：種類によって個数が違うから，全部合わせた量じゃ比べられないね。
　C：そのフルーツの中で一番多いので比べようよ。
　C：でも，少ないのもあるのに一番多いのだけで決めていいのかなあ。
　C：そのフルーツの平均を出せばいいんじゃないかなあ。
　C：平均ってなに？
　T：いくつかの数や量を等しい大きさにならしたものを，もとの数や量の平均と言います。
　T：同じ種類でグループになって平均を出してみよう。グループの中でどのコップのジュースの量も同じになるように，ならしてみよう。
　C：(コップを並べて，ジュースの量をならしていく。)
　T：各フルーツの平均のジュースの量で比べてみましょう。
　C：日本産のグレープフルーツが一番だよ。
　T：一個から絞れるジュースの量は日本産のグレープフルーツが一番多いこ

とがわかったね。
T：平均についてこれから学習していきたいことや疑問に思うことを出し合って，学習計画を立てよう。

## ｜2｜子どもの学習活動と「問い」

　この授業での課題は，「種類も個数も大きさも異なるフルーツを使って，どのフルーツから一番多くジュースが絞れるか，それをどうやって判断すればよいのか」ということでした。

　この課題を解決するには，実際に絞ってみなければなりません。でも，絞っただけでは，何も解決していないことに子どもたちは気付きました。そこで，出てきたのが何となく知っていた「平均」という言葉でした。その意味を教師が説明すると，子どもたちは「ならす」という作業を嬉々として行いました。そして，「絞る」，コップに入れて「ならす」という作業的・体験的な活動によって，日本産のグレープフルーツが一番であることを，目で確かめながら納得していきました。「平均」という概念を直観的に理解していったのです。

　そして，こうした楽しいけれど，面倒な作業的・体験的な活動を終えた時に，子どもたちの内から，たくさんの「問い」が湧き出てきました。

**〈この授業で子どもたちが生み出した「問い」〉**
・もっと簡単に平均を出す方法はないかな。
・平均はどんな方法で求められるのかな。
・平均を求める公式はあるかな。
・どうしたら平均の量が正確に出せるのかな。
・平均を計算で求める方法はないだろうか。
・平均を求める式はどんな式かな。
・どんなものでも平均にすることができるのかな。
・ジュース以外でも平均にすることができるのかな。
・土や砂などのような他の種類のものでもできるのかな。
・平均はどんな時に使うのかな。

　これらの「問い」を基に，子どもたちは単元の「学習計画」を立てていきました。導入時の作業的・体験的な活動が，「問い」を生み出し，「学習計画」を作成していくための役割を果たしてくれました。

〔池谷麻利子〕

# あとがき

　まねぶことから学ぶことへの転換，子どもの「問い」を軸とした算数学習によって体現されることがらは，この学習観の転換ではないでしょうか。まねぶことや常に教わることは，効率的かもしれません。教師側にとっても，まねぶことや常に教えることに力点をおいた方が，指導しやすい面があります。
　しかし，子どもたちが算数を創り出すという躍動感，みんなと一緒に算数を創ってきたという成就感，算数を使っているという実感を味わうために，これで充分でしょうか。私はそうは思いません。なぜなら，子どもの「問い」を軸とした算数学習の中で発する，子どもの「問い」のすごさを味わったからです。
　一見素朴に見える子どもの「問い」であっても，視点を変えてとらえると，実はその「問い」が数学の本質を突いていることが多くあります。また，子どもたちの議論を通して「問い」の可能性や鋭さが増してくることもあります。さらに，「問い」を基点にして，子どもたちの思考や議論が深まっていく瞬間に出逢えるのは，授業者としての何よりの喜びです。
　子どもの「問い」を軸とした算数学習は，可能性ゆたかな学習論です。
　この算数学習を進めるためには，私たち自身が算数・数学を創る姿勢を持つことや，私たち自身の教育実践を常に問い続けることが要求されます。教師も子どもも，お互いがそれぞれ問い続ける姿勢を持つこと。この相乗効果によって，子どもの「問い」を軸とした算数学習が生み出されます。他者の教育実践をまねぶことだけでは，この算数学習は決して生み出されません。
　私たちは，岡本光司先生の算数・数学教育を常に「問い」続ける姿勢に惚れ込み，その思想に共鳴してきました。一方，私たちは岡本光司先生の算数・数学教育論を一つの基軸としながらも，常にその論を「問い」続けています。
　私たち自身の教師としての経験や算数・数学教育観を加味しながら，少しずつ独創性豊かなものにしてきています。同じこころざしを持つ仲間としての絆を大切にしつつ，それぞれが自分ならではの世界を拓きつつあります。
　本書は，「こころざし，絆，独自性」という共通項で結ばれたメンバーによる研究と実践の報告書です。岡本光司先生と一緒に，こうした報告の機会を持つことができましたことに感謝しつつ，私たちは今後とも「問い」続ける姿勢を大切にし，高めていこうと考えております。

（両角達男）

## 編著者・執筆者一覧 (執筆順)

【編著者】
岡本　光司　　常葉学園大学教授　　　　　　（第1章）
両角　達男　　上越教育大学准教授　　　　　　（第2章）

【執筆者】
中村　正行　　浜松市立西小学校教諭　　　　（第3章　第1節）
仁田　淑子　　浜松市立村櫛小学校教諭　　　（第3章　第2節）
河野　晃浩　　浜松市立村櫛小学校教諭　　　（第3章　第3節）
太田健太郎　　浜松市立村櫛小学校教諭　　　（第3章　第4節）
松島　　充　　浜松市立北小学校教諭　　　　（第4章　第1節）
酒井　信一　　静岡市立賤機中小学校教諭　　（第4章　第2節）
村松　道子　　浜松市立富塚西小学校教諭　　（第4章　第3節）
佐藤友紀晴　　静岡市立安東小学校教諭　　　（第4章　第4節）
斉藤　隆治　　浜松市立北浜小学校教諭　　　（第4章　第5節）
尾上　　弘　　浜松市立萩丘小学校教頭　　　（第4章　第6節－1）
鈴木　基之　　三島市立東小学校教諭　　　　（第4章　第6節－2）
新保有里子　　浜松市立積志小学校教諭　　　（第4章　第6節－3）
中川田美子　　静岡市立清水興津小学校教諭　（第4章　第6節－4）
池谷麻利子　　浜松市立西都台小学校教諭　　（第4章　第6節－5）

【研究協力校】
浜松市立村櫛小学校

【研究協力者】
宮本　優子　　浜松市立瑞穂小学校教諭
横山　剛志　　菊川市立小笠北小学校教諭
望月千紗子　　富士宮市立上井出小学校教諭
佐藤　香織　　静岡市立清水辻小学校教諭
近藤　奏子　　掛川市立東山口小学校教諭
小林　美史　　裾野市立東小学校教諭

## 編著者紹介

**岡本光司**（おかもと　こうじ）
1938年東京都生まれ。
1961年東京教育大学教育学部教育学科卒業，
1967年同大学理学部数学科卒業。
知的障害児施設，東京教育大学附属中学校・高等学校等での勤務の後，静岡大学教授，静岡県総合教育センター教授を経て，現在，常葉学園大学教授。
著書・訳書『立方体をさぐる』(A.ラヌッチ著，訳，1981，大日本図書)『中学校数学の学習課題－範例統合方式による授業』（共編著，1982，東洋館出版社），『Mathのある風景』（著，1988，大日本図書），『算数・数学における国際理解教育』（編著，1994，エムティ出版），『生徒が「数学する」数学の授業』（共著，1998，明治図書）　他

**両角達男**（もろずみ　たつお）
1967年長野県生まれ。
1991年筑波大学大学院教育研究科修了，
長野県の公立高等学校，筑波大学附属中学校・高等学校での勤務の後，静岡大学教育学部准教授を経て，現在，上越教育大学学校教育学系准教授。

---

### 子どもの「問い」を軸とした算数学習

2008年8月29日　初版第1刷発行

|   |   |
|---|---|
| 編著者 | 岡本光司 |
|       | 両角達男 |
| 発行者 | 小林一光 |
| 発行所 | 教育出版株式会社 |

〒101-0051　東京都千代田区神田神保町2-10
TEL 03 (3238) 6965　　振替 00190-1-107340

©K. Okamoto／T. Morozumi 2008
Printed in Japan
落丁・乱丁はお取替えいたします

組版　さくら工芸社
印刷　モリモト印刷
製本　上島製本

ISBN978-4-316-80258-9　C3037